보물섬 독도와 친구 되기

연두세상

" 언제 어디서나
우리 독도를 술술~ "

독도는 우리나라에서 가장 동쪽에 있는 영토예요.

아침 해를 가장 먼저 만나서 대한민국의 아침을 활짝 열어주는 희망의 섬이지요.

그래서 나라의 희망인 어린이들과 함께 희망의 섬 독도의 이야기를 아주 즐겁게 나누려고 해요.

유구한 바위들과 다양한 생물과 소중한 자원을 한가득 품고 있는

우리 독도를 습관처럼 알아가는 시간이 꾸준히 모여서

다 같이 독도의 친구, 독도 박사가 되면 좋겠어요.

언제 어디서나 우리 독도를 술술~ 소개하고, 널리~ 자랑하길 바라는 마음으로

독도에 관한 모~든 지식을 신나게 나누어보아요!

그럼, 아름답고 소중한 우리 독도를 만나러

출발~!

차례

1. 독도는 보물섬   6

2. 보물섬 독도를 만나보아요!   8

| 독도는 몇 개로 이루어진 섬일까?   9
| 독도의 이름은 왜 독도일까?   12
| 동도와 서도를 구분하는 방법   15
| 이 정도만 알면 독·잘·알로 인정   20
| 독도의 날은 왜 10월 25일일까?   26
| 독도를 기록한 옛 자료   28
| 울릉도와 독도를 수호한 안용복   31

3. 보물섬 독도의 보물 바위를 만나보아요!   38

| 독도를 빛내주는 보물 바위들   39
| 실제로 사용한 자연산 숫돌바위   42
| 언제나 사이좋은 삼형제굴바위   44
| 바다에서 하늘이, 하늘에서 바다가 보이는 천장굴   46
| 우리나라의 아침을 활짝 열어주는 독립문바위   48
| 한반도를 품은 한반도바위   50
| 가제바위 위 그 많은 강치는 누가 다 잡았을까?   52
| 독도의 신기한 동물 이름 바위   55
| 독도 바위의 이름은 누가 지었나?   57
| 독도에 생명을 불어넣은 물골   62

4. 보물섬 독도의 하늘 보물을 만나보아요!   66

  | 독도가 철새들의 보금자리로 선택된 이유   67
  | 독도를 지키는 용감한 괭이갈매기   69
  | 독도의 밤하늘을 지키는 파수꾼   71
  | 독도의 여름 손님 슴새   74
  | 서도 절벽에는 고독한 사냥꾼이 산다   77
  | 곤충들의 독도 생존기   79

5. 보물섬 독도의 보물 바다를 만나보아요!   84

  | 보물섬 독도를 품고 있는 아주 특별한 바다   85
  | 독도 바다에는 물고기가 많다   88
  | 독도 바다의 보물 오징어   92
  | 독도 바다를 지키는 해조숲   96
  | 독도 바닷속 해저자원   100

6. 보물섬 독도의 보물 식물을 만나보아요!   104

  | 한반도 지형을 닮은 독도사철나무   105
  | 독도가 초록초록한 이유   107
  | 독도의 자랑 독도 특산식물   111

<독도 지도> 아름답고 소중한 우리 섬 독도   114

<독도 연표> 독도의 역사를 알아보아요!   116

1. 독도는 보물섬

아름답고 소중한 우리 섬 **독도**를 만나보아요!

독도는 지금으로부터 약 460만 년~250만 년 전 사이에
바닷속 화산 폭발로 솟아오른 용암이 굳어져 생겨났어요.
우리나라에서 가장 동쪽에 있는 영토로
북위 37도 14분 26.8초, 동경 131도 52분 10.4초에 위치하고,
한반도에서 216.8km, 울릉도에서 87.4km 떨어져 있죠.

우리가 바라보는 독도는
높이 2,270m에 이르는 거대한 해저산의 봉우리 부분이고
독도를 이루는 바위들은 바닷속 화산이 섬이 되는
오랜 세월의 흔적을 고스란히 담고 있어요.

큰 바다 동해에 덩그러니 앉아있는 듯 보이지만
계절마다 이동하는 철새들에게 꼭 필요한 보금자리가 되어주기 때문에
독도는 언제나 엄마 아빠가 되고 싶은 새들과 나그네새들로 북새통을 이루죠.

독도를 품고 있는 바다는
차가운 바닷물 한류와 따뜻한 바닷물 난류가 만나는 황금어장이에요.
계절마다 수많은 물고기가 찾아오고, 다채로운 해양생물이 살고 있는 곳이죠.
게다가 우리나라에 꼭 필요한 해저자원도 한가득 품고 있답니다.

바닷바람이 쌩쌩 불고, 흙과 물이 부족한 바위섬이지만
다양한 식물과 곤충이 어우러져 살아가는
초록초록한 풀들의 천국인 독도는
동해의 보물로 불리는 아름답고 소중한 우리 섬입니다.

2. 보물섬 독도를 만나보아요!

우리 함께
독·잘·알이 되어보아요!

독도는 몇 개로 이루어진 섬일까?

> 독도는 외로운 섬 하나?

지도에서 독도는 이렇게 작은 점 하나처럼 보여요. 그래서 독도를 하나의 섬으로 생각하기 쉽지만 독도는 1개가 아닌, 무려 91개의 섬으로 이루어져 있어요.

펑~ 펑~ 바닷속 화산 폭발로 솟아오른 용암이 굳어져 만들어진 독도는 원래는 하나의 큰 섬이었지만, 아주 오랜 시간 동안 파도와 바람에 씻기고 부서지면서 크기도 작아지고, 동도와 서도라는 2개의 큰 섬과 89개의 작은 섬이 되었죠.

> 독도는 하나의 섬이 아니었구나~

독도라는 이름도 '바위로 이루어진 섬'이라는 뜻인데요. 바닷속에 잠겨 있던 화산이 섬이 되는 과정과 다양한 지층을 보여주는 지질학적 가치가 높은 바위들이 모여 독도를 이루고 있습니다.

숫돌바위

삼형제굴바위

독립문바위

천장굴

'독도는 외로운 섬 하나?'

가 아니라...

동도와 서도와 89개의 바위섬이 어우러진 아름답고 소중한 **보물섬 독도**입니다.

독도는 동도와 서도와 크고 작은 89개의 바위섬으로 이루어져 있다!

기억해!

▶ 영상으로 공부하기

별이도 술술~
독도 TMI

TIP
Hint!

Q. 독도의 키가 얼마인지 아시나요?

보이는 키가 다가 아님. 한라산보다도 더 크다는 소문이 있음!

우리가 바라보는 독도는 바다 아래로 크고 넓게 펼쳐지는 해저산의 꼭대기예요. 독도는 높이가 무려 **2,270m**에 이르는 키다리랍니다.

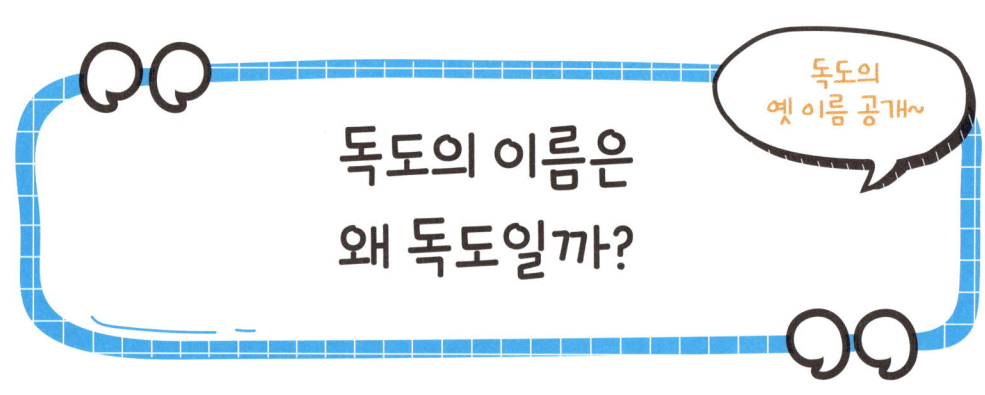

독도의 이름은 왜 독도일까?

독도의 옛 이름 공개~

지금으로부터 수백만 년 전에 생겨난 나이 많은 섬답게 독도는 그동안 여러 이름으로 불려 왔어요. 독도의 다양한 옛 이름과 그 이름이 담고 있는 의미를 함께 알아보아요.

우산도

『삼국사기』 기록에 신라장군 이사부가 우산국을 정벌하고 신라의 영토로 삼았다는 내용이 나오는데요. 우산국은 무릉도(울릉도)와 우산도(독도)로 이루어진 섬나라입니다. 우산도가 지금의 독도라는 사실은 옛 자료에 잘 나타나 있어요. 우산도는 독도의 가장 오래된 옛 이름이에요.

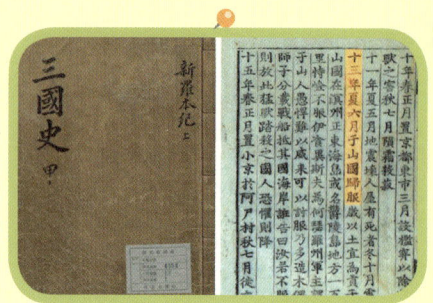

↳ 『삼국사기(1145)』

돌섬

말 그대로 '바위로 이루어진 섬'이라는 뜻이에요. 독도의 풍경과 모습이 잘 드러나는 이름이죠. 우리가 바라보는 독도는 바다 아래로 크고 넓게 펼쳐지는 해저산의 봉우리 부분인데, 만약 옛날 사람들에게 이 돌섬의 실제 높이가 2,270m에 이른다고 알려주면 과연 어떤 반응을 보일까요?

↳ 바위로 이루어진 섬

우산도 독섬 돌섬 석도

오늘날 사용하는 독도는 독섬의 섬을 한자 도로 바꾼 이름이야.

독섬

돌섬에서 비롯된 이름이에요. 옛날 울릉도 주민 중에는 전라도에서 온 사람들이 많았어요. 이는 해류의 영향 덕분인데, 동한난류를 타면 전라도에서 울릉도까지 쉽고 빠르게 갈 수 있었기 때문이에요. 울릉도와 독도에서 어업활동을 하는 전라도 사람들이 늘어나면서 돌섬의 '돌'이 전라도 사투리인 '독'으로 사용되고, 돌섬은 독섬으로 불리게 되었어요.

석도

독섬을 한자로 바꾼 이름이에요. 독은 돌, 그러니까 돌 석(石), 섬은 섬 도(島). 그래서 석도(石島). 1900년, 고종 황제는 『대한제국 칙령 제41호』를 반포하여 독도가 울도군에 속하는 대한제국 고유영토임을 전 세계에 알렸는데, 이때 석도라는 이름을 사용했어요.

독도의 옛 이름은 삼봉도, 가지도, 리앙쿠르 록스처럼 더 다양하게 존재하는데, 이를 통해 독도의 풍경, 생태계, 역사를 더욱 잘 이해할 수 있습니다.

독도는 바위로 되어 있는 섬이라는 뜻인 돌섬, 독섬, 석도에서 비롯된 이름이며, 외롭고 작은 바위섬이 아니라, 위풍당당하게 우리 동해를 지키는 한라산보다도 더 높은 해저산의 봉우리라는 사실을 잊지 마세요!

▶ 영상으로 공부하기

별이도 술술~
독도 TMI

TIP

Q. 우산국? ≠ 우산나라?

우산국은 무릉도(울릉도)와 우산도(독도)로 이루어진 나라로 우산, 우산도는 독도의 옛 이름이에요. 우산국에 관한 기록은 『삼국사기』에 처음 나온답니다. 독도는 삼국시대에도 우리 땅!

동도와 서도를 구분하는 방법

누가 동도? 누가 서도?

독도에는 **동도**와 **서도**라는 두 개의 큰 섬이 있어요. 동도는 동쪽에 있어서 동도, 서도는 서쪽에 있어서 서도입니다. 그런데 동도와 서도가 위 사진처럼 나란히 있지 않을 때는 두 섬을 어떻게 구별할까요?

지금부터 동도와 서도를 쉽게 알아볼 수 있는 꿀팁 **3가지**를 알려줄게!

하나 섬의 **모양**을 살펴보세요.

동도는 높이가 낮고 동글동글한 모양, 서도는 동도보다 높고 뾰족뾰족한 모양입니다. 동도의 정상은 <mark>우산봉</mark>, 서도의 정상은 <mark>대한봉</mark>이에요.

대한봉

우산봉

서도

동도

둘 시설물과 도로명주소를 살펴보세요.

시설물

독도경비대   독도 선착장   독도 등대   독도 주민숙소   물골

동도에는 독도를 지키는 독도경비대, 배가 들어오는 독도 선착장, 밤바다를 밝히는 독도 등대처럼 독도를 지키는데 필요한 시설물이 있어요.

서도에는 독도 주민이 사는 주민숙소와 샘물이 나오는 물골이 있어요.

독도친구 되는 길 →

도로명주소

동도 주소 : 경상북도 울릉군 울릉읍 독도이사부길

서도 주소 : 경상북도 울릉군 울릉읍 독도안용복길

특별한 **바위**를 살펴보세요.

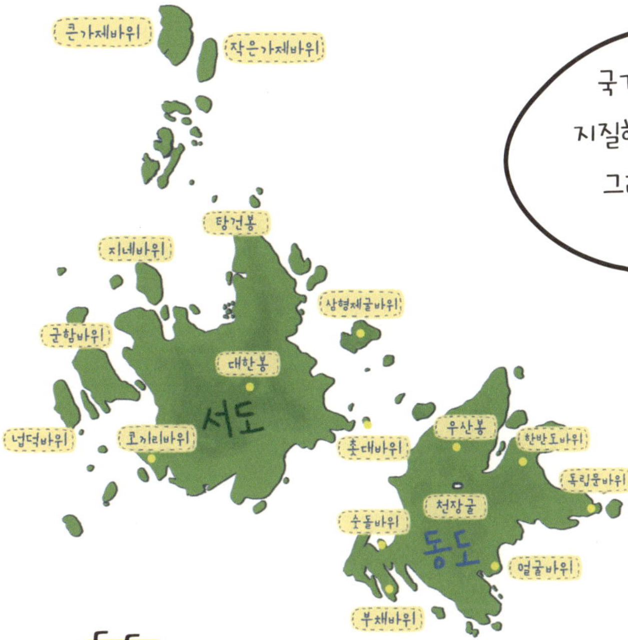

> 국가지질공원으로 지정된 독도는 지질학적 가치가 아주 높은 섬이에요. 그래서 독도에는 보물처럼 귀한 바위들이 많답니다.

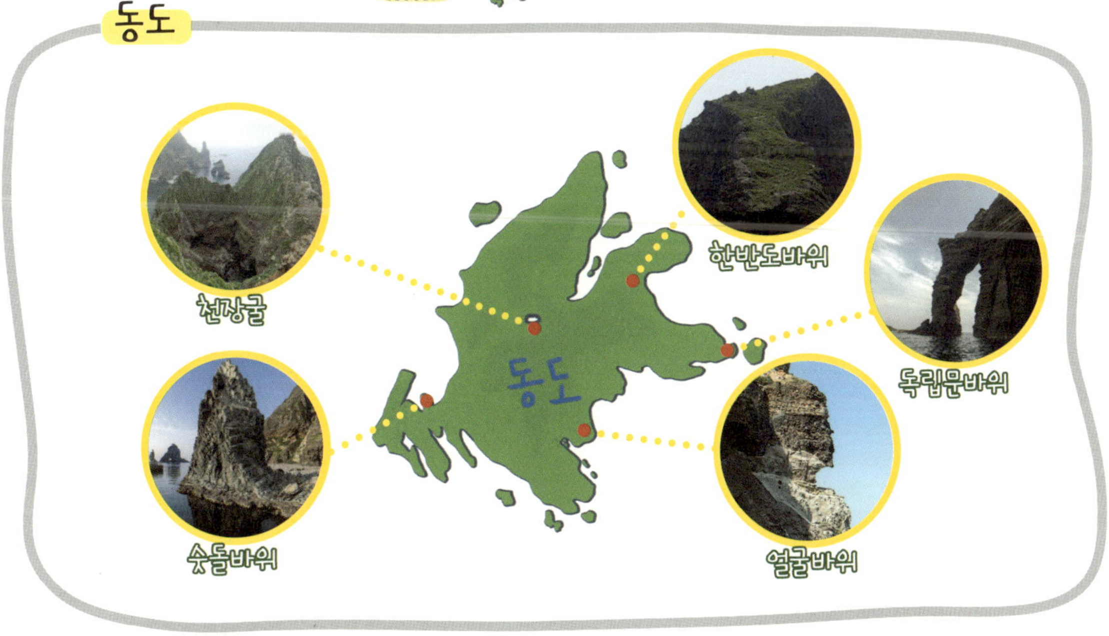

동도

- 천장굴
- 한반도바위
- 독립문바위
- 숫돌바위
- 얼굴바위

동도에는 천장이 뻥 뚫린 우물 모양의 천장굴, 칼을 다듬는 숫돌과 암질이 닮은 숫돌바위, 한반도 지도 모양의 한반도바위, 독립문 모양의 독립문바위, 사람의 옆얼굴 모양의 얼굴바위처럼 특별한 바위들이 있어요.

서도에는 코끼리 모양을 닮은 코끼리바위, 넓적하고 평평한 넙덕바위, 군함처럼 생긴 군함바위, 우뚝 솟은 탕건봉이 있고, 서도 앞쪽에는 사이좋은 삼형제 모습의 삼형제굴바위, 촛대 모양의 촛대바위가 존재감을 드러내고 있습니다.

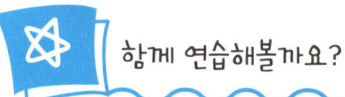

함께 연습해볼까요?

기억해!

동도는 낮고 동그란 모양~
서도는 높고 뾰족한 모양!

▶ 영상으로 공부하기

나는 서도 앞에 있지!

우리는 모두 동도에 있어!

별이도 술술~
독도 TMI

TIP

❀ 독도는 한국 땅 - '한국령 바위 글씨'

동도에는 독도가 한국 땅임을 알리는 한국, 한국령이라 새겨진 바위 글씨가 4곳 있어. 이 중 가장 대표적인 바위 글씨는 독도경비대 숙소 앞 암벽에 한자로 새긴 한국령(韓國領). 절대 지워지지 않게 한 자 한 자 소중히 쓰고 새긴 '한국령'은 독도가 대한민국의 고유영토라는 사실을 분명하게 알려주고 있어!

이 정도만 알면 독·잘·알로 인정

독도는 우리 땅!

여러분은 우리 독도에 대해 얼마나 알고 있나요? 독도에 관한 지식이 든든해서 언제 어디서나 독도를 자신 있게 소개하면 정말 좋겠죠? 그런 의미에서 독도 프로필을 공개합니다.

다 함께 독·잘·알 로 변신해 볼까요? gogo~

독도 프로필

이름

독도 (= 바위로 이루어진 섬)

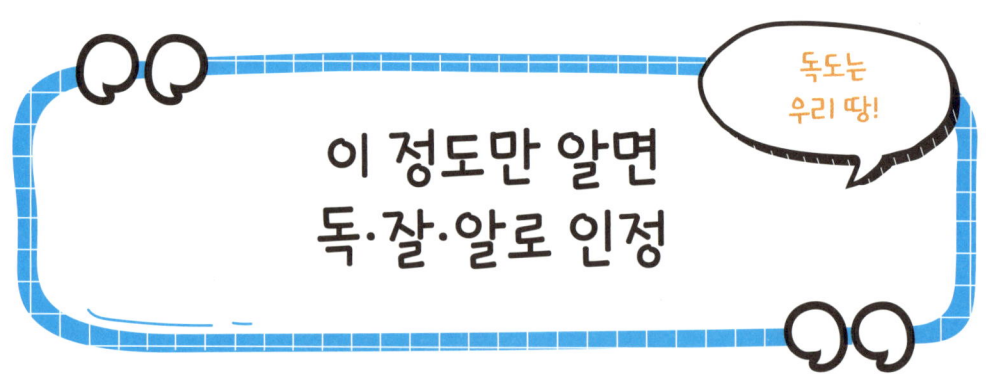

탄생

지금으로부터 약 460만 년~250만 년 전에 바닷속 화산 폭발로 솟아오른 용암이 식어지고 굳어져서 생겨났어요.

위치

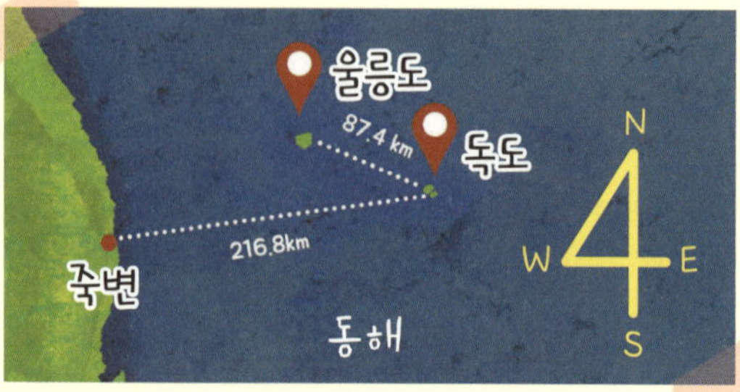

동해

우리나라에서 가장 동쪽에 있는 영토예요.

독도 프로필

구성

동도 + 서도 + 89개의 부속섬

모습

높고 뾰족한 서도

낮고 둥그란 동도

주소

4 0 2 4 0 경상북도 울릉군 울릉읍

- 동도 : 독도이사부길
- 서도 : 독도안용복길

누가 살까?

독도 주민 한 가구, 독도경비대원들, 독도등대관리원들, 독도관리사무소 직원들

독도 프로필

기후

그래서 3대가 덕을 쌓아야 독도에 갈 수 있다는 말도 있어~

평균기온 14도, 연평균 강수량 약 1,300㎜

전형적인 해양성 기후로 여름에도 너무 덥지 않고, 겨울에도 너무 춥지 않아요.

1년 중 50여 일의 맑은 날을 제외하고 대체로 흐리고, 안개가 짙고, 눈비가 자주 내려요.

자연환경

흙과 물이 부족한 바위섬이지만 약 65여 종의 식물, 180여 종의 새, 200여 종의 곤충이 어우러져 살아가요. 난류와 한류가 만나는 독도 바다는 우리나라 수산업에서 대표적인 황금어장이고, 중요한 해저자원도 한가득 품고 있어요.

독도 프로필

자격증

- 천연기념물 제336호 독도천연보호구역
- 특정 도서 제1호
- 국가지질공원

가는 길

울릉도에서 배를 타고 약 1시간 20분~2시간 소요

동도에 있는 독도 선착장에서 약 20분 정도 머무르며 독도를 만나요.

독도 수호

- 경찰이 상주하며 경비하고
- 군이 영공과 영해를 수호하고
- 독도와 관련된 각종 법령을 시행하고
- 등대와 같은 주요 시설물을 운영하고
- 주민이 서도에 거주하면서 소중하게 보호하고 있어요.

독도는 우리 땅!

독도는 역사적, 지리적, 국제법적으로 명백한 대한민국 영토입니다.

① 역사적 근거

『삼국사기』(1145년)

"512년에 신라 이사부 장군이 우산국을 함락하고 신라의 영토로 삼았다."

→ 독도 역사가 신라시대부터 존재함을 알려주는 중요한 기록

② 지리적 근거

『세종실록』「지리지」(1454년)

"우산(독도)과 무릉(울릉도) 두 섬은 거리가 멀지 않아 날씨가 맑으면 서로 바라볼 수 있다."

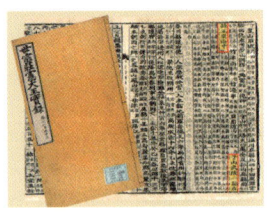

→ 당시 사람들이 독도와 울릉도를 명확히 구분하고, 두 섬이 익숙하고 가까운 생활권이라는 사실을 명시

③ 국제법적 근거

『대한제국 칙령 제41호』(1900년)

"독도를 울도군의 관할지역으로 한다."

→ 독도가 대한제국의 고유영토임을 전 세계에 알림

기억해! 독도는 역사적, 지리적, 국제법적으로 명백한 우리 땅!

▶ 영상으로 공부하기

별이도 술술~ 독도 TMI

Tip ✿ 독도와 울릉도는 가깝다!

동해에는 3개의 큰 섬이 있어. 울릉도, 독도, 그리고 일본의 오키섬

울릉도와 독도 사이의 거리는 87.4km

독도와 일본의 오키섬 사이의 거리는 157.5km

맑은 날 울릉도에서 독도가 맨눈으로 보일 만큼 울릉도와 독도는 가깝다는 사실!

아주 옛날부터 독도는 울릉도의 부속섬이고~

두 섬은 언제나 세트로 인식돼 왔지! 독도는 언제나 우리 땅!

독도의 날은 왜 10월 25일일까?

칙령 제41호 반포

10월 25일은 독도의 날이에요. 독도에 대한 마음을 나누고, 독도 수호의 의지를 다지는 뜻깊은 날이지요. 그런데 독도와 관련된 많은 날들 중에서 왜 10월 25일이 독도의 날이 된 걸까요? 지금부터 10월 25일이 담고 있는 의미를 알아보아요.

대한제국 선포

19세기 조선의 상황은 외세의 침략이 본격화되면서 한마디로 바람 앞의 등불처럼 위태로운 처지였어요.

고종은 외세에 시달리는 나라를 다시 일으켜 세우겠다는 의지로 1897년, 국호를 조선에서 대한으로 바꾸고 대한제국을 선포했어요.

황제에 즉위한 고종은 새로운 국가 체제에 맞춰 국가 영토에 대한 분명한 입장을 밝혔는데요. 여전히 일본인의 불법 침입이 잦은 울릉도와 독도에 대한 행정관리를 강화하기 위해 1900년 10월 25일에 *칙령 제41호를 반포하고, 이를 관보에 게재해 울릉도와 독도가 대한제국의 영토라는 사실을 전 세계에 확실하게 알렸습니다.

국호를 조선에서 대한으로 바꾸고 대한제국을 선포한다!

고종 황제

* 칙령 : 황제의 명령
* 관보 : 법령과 정부 시책을 국민과 전 세계에 알리는 목적으로 발행하는 공식 인쇄물

칙령 제41호 반포

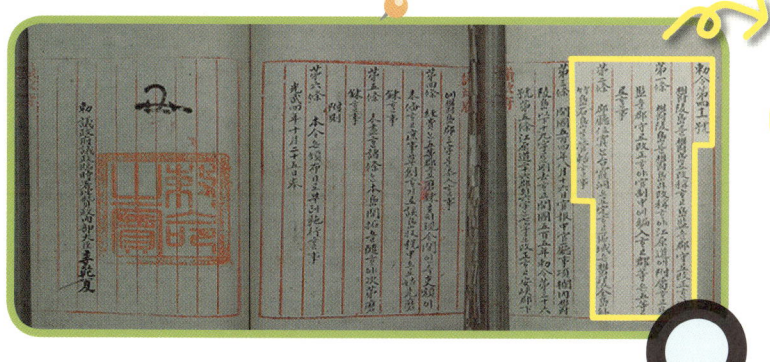

"울릉도와 죽도, 그리고 석도(독도)를 묶어 울도군의 관할 지역으로 정하고, 원래 이 지역을 다스리던 관리를 군수로 승격시킨다."

→ 독도가 울도군의 관할임을 명확히 밝히고 있어요.

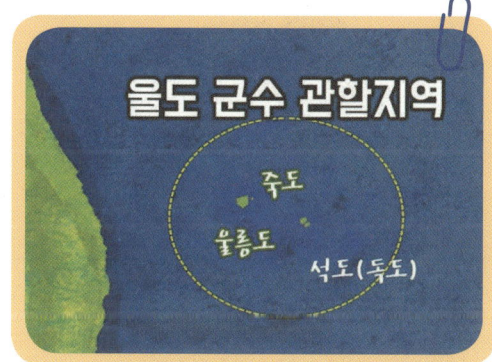

이 칙령 제41호가 중요한 이유는 근대 국제법의 체계로 독도가 대한제국의 영토로서 울도 군수의 행정관리하에 있음을 거듭 확인해주고, 대한제국이 외세의 침략에 시달리면서도 우리 영토를 지키기 위해 노력했다는 것을 알려주는 자료이기 때문이에요.

따라서 10월 25일 독도의 날은 고종 황제가 대한제국 칙령 제41호를 통해 독도를 울릉도의 부속섬으로 명시한 날을 기념하는 의미를 담고 있습니다.

10월 25일은 독도의 날이고, 이 날은 대한제국 칙령 제41호가 반포된 날이다!

기억해!

▶ 영상으로 공부하기

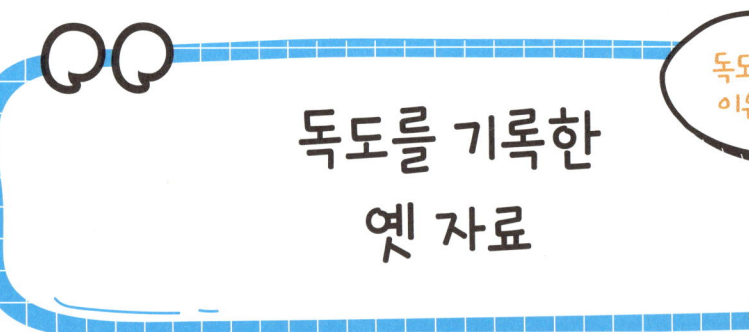

독도를 기록한 옛 자료

독도가 우리 땅인 이유를 알려드림

우리 선조들은 아주 옛날부터 국가 차원에서 독도를 관리하고 꼼꼼하게 기록했어요. 기록의 형태도 실록, 역사책, 지리책, 지도, 보고서, 관보처럼 아주 다양하지요. 우리는 독도의 옛 기록을 통해 옛날 독도의 일을 알 수 있고, 독도가 우리 땅인 이유도 잘 설명할 수 있어요. 지금부터 독도의 옛 기록을 살펴보아요.

삼국사기

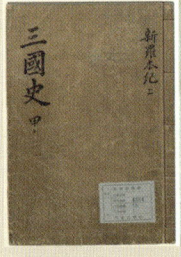
「삼국사기」「신라본기」

『삼국사기(1145)』는 우리나라에 남아있는 역사책 중에서 가장 오래된 책으로 고구려, 백제, 신라의 역사를 다루고 있어요. 그런데 이 삼국사기에 독도에 관한 기록이 나와 있습니다. "512년에 신라 이사부 장군이 우산국을 공격하고 함락하여 신라의 영토로 삼았다."는 내용인데요. 여기서 우산국은 무릉도(울릉도)와 우산도(독도)로 이루어진 섬나라입니다.

'우산국'

무릉도(울릉도)   우산도(독도)

세종실록 지리지

『세종실록』「지리지」 제153권
강원도 삼척도호부 울진현 부분

『세종실록 지리지(1454)』는 독도를 독립적으로 소개한 가장 오래된 기록이에요. "우산도(독도)와 무릉도(울릉도)라는 두 섬은 현의 정동쪽 바다 가운데 있다. 신라 때는 우산국이라 불렸다. 두 섬은 멀리 떨어지지 않아 날씨가 맑은 날에는 바라볼 수 있다."
이 내용을 통해 우산국이 우산도(독도)와 무릉도(울릉도)로 이루어진 사실을 확인할 수 있는데요. 특히 맑은 날 두 섬이 보인다는 내용은 세종이 울릉도에 파견한 김인우의 현지 조사 결과를 통해 알게 된 내용이라고 합니다.

동국여지승람, 신증동국여지승람

『신증동국여지승람』

각 도의 지리와 풍속을 자세히 기록한 조선시대 지리서인 『동국여지승람(1481)』과 『신증동국여지승람(1530)』에도 "우산도와 울릉도 두 섬이 현의 정동쪽 바다 가운데 있다."고 나오는데, 이 책들은 단순한 지리서를 넘어 조선의 영토에 대한 범위를 정하고 설명한 책이라는 점에서 중요한 의미를 가지고 있어요.

울릉도사적

삼척영장 장한상이 숙종의 명으로 울릉도와 주변 섬을 조사하고, 그 결과를 담은 『울릉도사적(1694)』에서 "울릉도에서 동쪽을 바라보면 아득히 한 섬(독도)이 보인다..."고 독도의 존재를 정확하게 기록했습니다.

* 삼척영장 : 현재의 육군 지휘관, 특히 동해안 방어의 중심 역할을 함

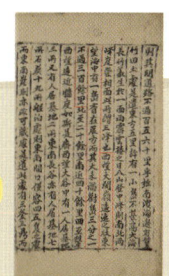

『울릉도사적』

동국문헌비고, 만기요람, 증보문헌비고

  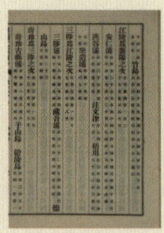

1770년 간행된 『동국문헌비고』「여지고」에 "울릉과 우산은 모두 우산국의 땅인데, 우산은 일본이 말하는 송도이다."라고 나와 있어요. 같은 내용이 재정과 군정을 다루는 행정서인 『만기요람(1808)』「군정편」과 『증보문헌비고(1903~1908)』에도 기록돼 있습니다.

『동국문헌비고』 『만기요람』 『증보문헌비고』

이처럼 시대에 따라 독도를 부르는 이름만 다를 뿐, 독도를 기록한 역사적 문헌은 한결같이 '독도는 울릉도의 부속섬이고, 울릉도와 함께 우리나라의 소중한 영토'임을 확실하게 밝히고 있습니다.

선조들이 남긴 독도의 옛 기록은 '독도는 언제나 우리 땅'이라는 사실을 입증해주는 소중한 근거자료이다!

기억해!

▶ 영상으로 공부하기

울릉도와 독도를 수호한 안용복

우리 역사상 가장 유명한 어부!

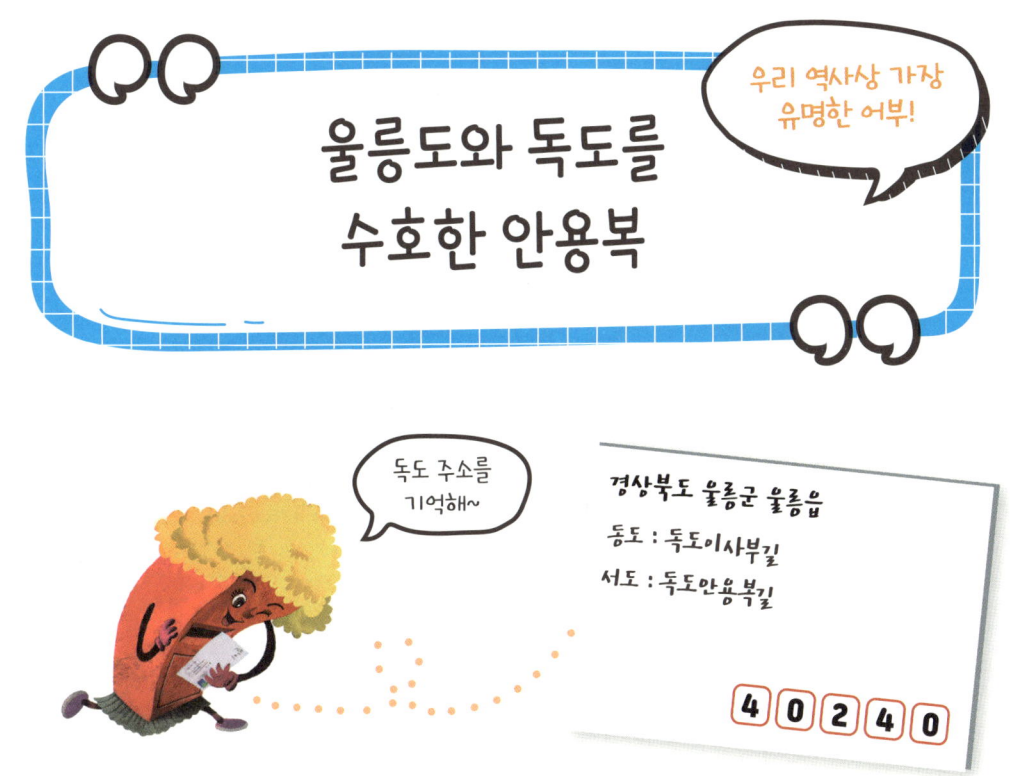

우리나라에서 가장 동쪽에 위치한 영토인 독도의 주소는 우편번호 40240. 경상북도 울릉군 울릉읍, 동도는 **독도이사부길**, 서도는 **독도안용복길**입니다. 유구한 독도 역사에 큰 흔적을 남긴 두 사람의 이름이 독도 주소에 사용되고 있는데요. 동도 주소의 이사부는 우산국을 신라의 영토로 복속시킨 신라의 장군이죠. 그렇다면 서도 주소에 이름을 남긴 **안용복**은 독도에 어떤 발자취를 남긴 인물일까요?

17세기 말에 조선과 일본 사이에는 울릉도를 둘러싼 외교적 논쟁이 있었어요. 이는 명백한 우리 땅인 울릉도를 노린 일본의 탐욕에서 비롯되었는데, 당시만 해도 일본은 사람이 살기에 척박한 독도가 아닌 자원이 풍부한 울릉도를 원했어요. 무려 70여 년간 몰래 울릉도를 드나들며 해산물과 나무를 함부로 채취해갔죠. 게다가 독도는 울릉도에 속한 섬이어서 만약 울릉도를 뺏기면 독도도 함께 빼앗기는 상황이었어요.

안용복 동상

그러나 1696년, 일본은 울릉도와 독도가 조선의 영토라는 사실을 확실하게 인정했는데요. 이런 결과가 나올 수 있었던 건 바로 두 차례나 일본에 다녀온 안용복의 활약이 있었기 때문이에요.

안용복은 조선 숙종 때 사람으로 동래 수군 출신의 어부였어요. 1693년, 울릉도에서 고기잡이를 하던 중에 불법 침입한 일본 어부들을 발견하고 항의하다가 그만 일본으로 납치당해가죠. 안용복은 일본의 오키 섬과 돗토리 번에서 조사를 받고, 나가사키와 대마 번을 거쳐 조선으로 송환되는데, 심문받는 과정에서 울릉도와 독도가 조선 땅임을 아주 당당하게 주장했어요.

그러자 울릉도와 독도가 원래부터 조선 땅임을 알고 있던 돗토리 번과는 달리 오랫동안 울릉도를 탐내 온 대마 번에서는 안용복을 죄인 취급하며 동래에 있는 왜관에 데려가 감금하고, "조선인이 일본 영토인 죽도(울릉도)에서 고기 잡는 것을 금지해 달라."는 내용의 서계를 조선 조정에 전달해요.

↳ 안용복의 1차 도일 여정

사실 당시는, 태종 때부터 실시된 *쇄환정책으로 울릉도에 가는 것이 법으로 금지돼 있었어요. 이에 조선 조정은 "우리나라 울릉도라 해도 마음대로 왕래하지 못하게 하는데, 너희 땅이라는 죽도에 들어가는 일이 없도록 더 엄히 하겠다."는 내용의 답신을 보내지요.

* 쇄환정책 : 왜구의 침탈로부터 백성을 보호하기 위해 섬 주민을 이동시킨 정책

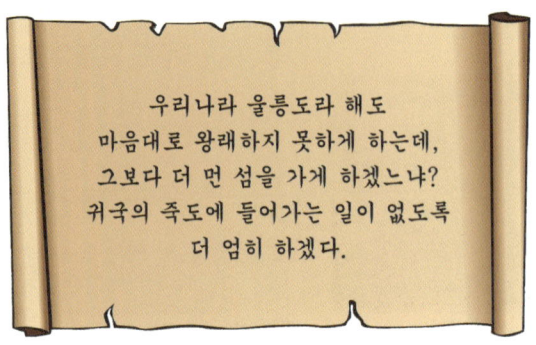

우리나라 울릉도라 해도
마음대로 왕래하지 못하게 하는데,
그보다 더 먼 섬을 가게 하겠느냐?
귀국의 죽도에 들어가는 일이 없도록
더 엄히 하겠다.

겉으론 일본 측의 입장을 수용한 답변처럼 보이지만, 실제로 죽도와 울릉도는 같은 섬이기에 난감해진 일본 측은 답신 내용에서 울릉도 부분을 삭제해줄 것을 거듭 요청해요. 그러나 조선 조정은 이를 거절하고, 울릉도는 조선의 땅임을 재차 확고히 밝히는데, 이를 통해 당시 조정 관료들의 영토 수호의식이 분명하고 단호했음을 알 수 있어요.

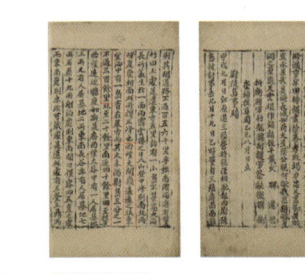

『울릉도사적』

울릉도에서 동쪽을 바라보면 바다 가운데 한 섬이 아득히 동남에 위치하여 그 크기는 울도의 삼분의 일 미만이고, 거리는 300여 리에 불과하다.

삼척영장 장한상

조선은 이 사건을 계기로 울릉도에 대해 관심을 갖게 되었고, 1694년, 삼척영장 장한상에게 울릉도와 주변 도서를 조사하게 합니다. 장한상은 『울릉도사적』이라는 책에 조사한 내용을 정리했는데 바로 이 책에 독도에 관한 내용이 들어있어요.

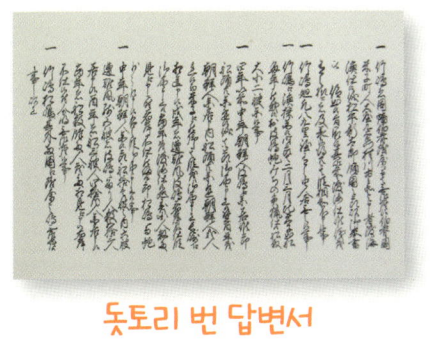

돗토리 번 답변서

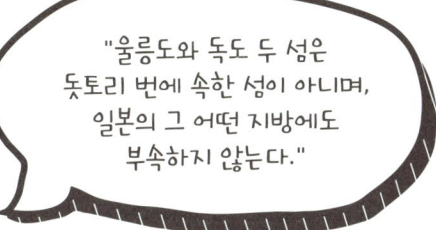

"울릉도와 독도 두 섬은 돗토리 번에 속한 섬이 아니며, 일본의 그 어떤 지방에도 부속하지 않는다."

일본인들아 울릉도 가면 안돼...

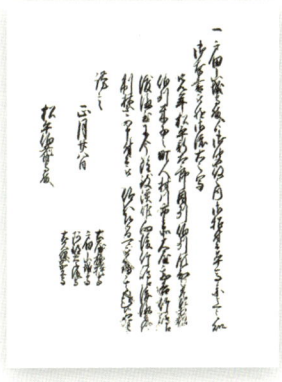

울릉도 도해 금지령

또한 대마 번의 보고를 받은 일본의 에도 막부도 울릉도에 관해 조사를 하는데요. 돗토리 번을 통해 울릉도가 조선 땅이라는 사실을 확인한 에도 막부는 1696년 1월 28일, 일본인들이 울릉도에 가지 못하게 하는 '울릉도 도해 금지령'을 내립니다. 그리고 조선과의 외교문서를 통해 울릉도가 조선 영토임을 공식 확인하죠. 안용복 납치 사건을 계기로 시작된 조선과 일본의 울릉도 논쟁은 이렇게 일본이 울릉도와 독도를 조선의 영토로 인정하면서 마무리됩니다.

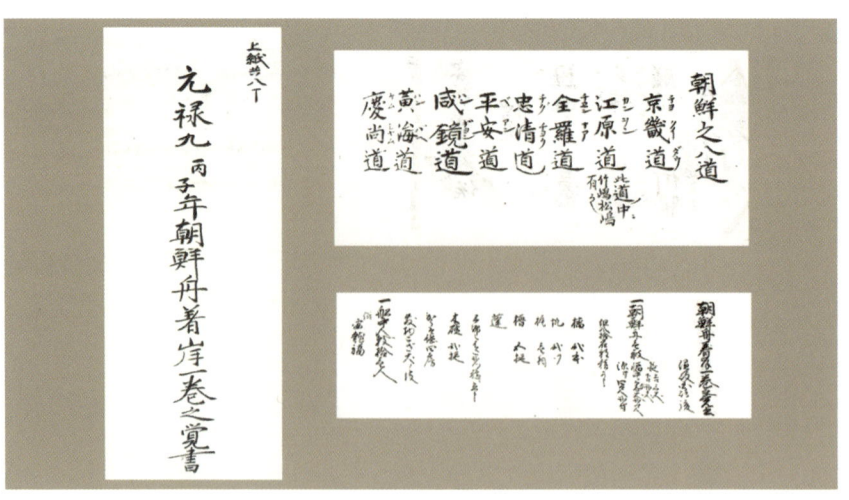

→ 안용복이 오키 섬 관리들에게 울릉도와 독도는 조선의 영토라고 밝힌 내용이 실려있는 일본의 기록

그러나 이 울릉도 도해 금지령이 에도 밖으로는 알려지지 않아서 아직 그 사실을 알지 못한 안용복은 1차 납치 당시의 억울함을 풀고자 1696년 두 번째 일본 방문을 감행해요. 이번엔 관리처럼 꾸미고 10여 명의 일행까지 이끌고 가지요. 우여곡절 끝에 돗토리 번에 도착한 안용복은 그곳 관리들에게 준비해간 지도까지 보여주며 울릉도와 독도는 조선의 영토임을 조목조목 설명했는데요. 안용복의 소식을 접한 에도 막부는 급히 돗토리 번으로 사람을 보내 울릉도 도해 금지령을 전달해요.

두-둥

안용복의 활약은 일본이 결국 독도와 울릉도를 조선의 영토로 확실하게 인정하는 계기가 되었는데요.

안용복의 1차 도일 이후

조선과 일본 양국이 울릉도와 독도에 대해 정식으로 논의한 울릉도 쟁계*를 통해 일본이 울릉도 도해 금지령을 내림

* 쟁계 : 경계를 가지고 다투다

안용복의 2차 도일 이후

에도 막부가 울릉도 도해 금지령을 서둘러 알리면서 울릉도 분쟁이 완전히 마무리됨

비록 유배를 당했지만 난 최선을 다했어...!

울릉도 문제에 대해 경각심을 갖게 된 조선 정부도 1699년부터는 주기적으로 관리를 파견해 울릉도를 순찰하는 수토정책을 실시하게 되죠. 일본에서 돌아온 뒤, 유배형을 받은 안용복의 소식은 더 이상 전해지지 않지만, 후손들은 두 차례나 일본에 건너가 울릉도와 독도를 수호한 용감한 영웅이자 자랑스러운 민간외교관으로 영원히 안용복 이름을 기억하고 있습니다.

'독도안용복길'은 울릉도와 독도 수호에 헌신한 안용복의 높은 기개와 정신을 담고 있다!

기억해!

▶ 영상으로 공부하기

3. 보물섬 독도의 보물 바위를 만나보아요!

독도의 유구한 시간을 담고 있는 아름답고 특별한 바위들을 소개해요!

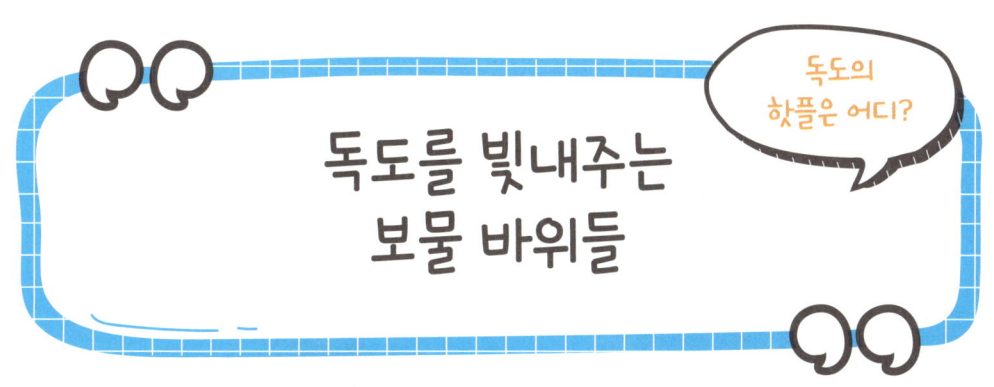

독도를 빛내주는 보물 바위들

독도의 핫플은 어디?

우리가 바라보는 독도는 사실, 바다 아래로 아주 크고 넓게 펼쳐지는 웅장한 해저산의 봉우리 부분이에요. 그래서 독도는 바닷속에 잠겨 있는 화산이 섬이 되는 과정과 다양한 지층을 보여주는 지질학적 가치가 아주 높은 섬이지요. 독도의 지형과 지질유산이 너무 우수해서 환경부는 독도를 울릉도와 함께 ==국가지질공원==으로 인증했는데, 그 중에서도 특별히 그 가치를 인정받은 4곳의 지질명소가 있답니다.

바로 ==숫돌바위==, ==삼형제굴바위==, ==천장굴==, ==독립문바위==!

어마어마하지? 독도는 빙산처럼 바다 아래에 있는 부분이 훨씬 크단다.

숫돌바위

기둥 모양의 주상절리를 가로로 눕혀놓은 수평 주상절리의 모습을 보여주는 시스택 지형

삼형제굴바위

독도의 대표적인 시스택 지형으로 해식동굴을 세 방향에서 볼 수 있는 희귀한 바위

천장굴
깊이가 100m에 이르는
천장이 뻥 뚫린 우물 모양의 해식동굴

독립문바위
파도에 의해 약한 부분의 암석이 뚫려
독립문 모양이 된 둥근 아치형 바위

> 국가지질공원 독도를 대표하는 4대 지질명소인
> 숫돌바위, 삼형제굴바위, 천장굴, 독립문바위는
> 독도의 탄생부터 지금까지 긴 시간의 흔적을
> 고스란히 담고 있는 아주 특별한 보물 바위이다!

기억해!

▶ 영상으로 공부하기

실제로 사용한 자연산 숫돌바위

> 독도의 첫인상~

울릉도에서 배를 타고 독도로 향한 사람들이 드디어 동도 선착장에 들어왔을 때 마치 마중 나온 것처럼 눈앞에서 반갑게 맞아주는 바위가 있습니다.

어서 와~ 독도는 처음이지?

> 독도에서 내가 제일 먼저 기다렸어!

바로 **숫돌바위**인데요. 선착장 앞에서 독도의 진면목을 미리보기처럼 공개하는 늠름하고 아름다운 바위이죠. 숫돌바위가 독도의 첫인상을 담당하게 된 것은 이런 위치조건뿐만 아니라 국가지질공원 독도를 대표하는 4대 지질명소이기 때문이에요.

세모 모양의 숫돌바위는 독도에서 분리된 *시스택 지형으로, 뜨거운 마그마가 지층을 가로지르며 뚫은 후 지하에서 급히 식으면서 다각형의 기둥 모양 주상절리가 가로 방향으로 만들어진 모습을 보여주고 있습니다. 그래서 계단 같은 독특한 모양이 만들어졌죠.

* 시스택 지형 : 파도의 침식작용으로 큰 바위에서 떨어져 나와 섬처럼 분리된 해안 지형

부드러운 암질이 *숫돌과 비슷하다고 하여 숫돌바위라는 이름이 붙여졌는데, 일본의 불법 침입을 막기 위해 독도에 상주하던 독도의용수비대도 실제로 숫돌바위를 이용해 칼날을 다듬었다고 합니다.

* 숫돌 : 칼이나 낫의 무뎌진 날을 세우는 돌

이렇게 독도를 지키는 데도 일익을 담당했던 숫돌바위는 독도를 찾는 사람들에게 독도가 얼마나 아름답고 소중한 섬인지를 맨 앞에서 상징처럼 보여주는 독도의 대표 보물 바위입니다.

▶ 영상으로 공부하기

언제나 사이좋은 삼형제굴바위

> 삼형제는 용감했다!

독도는 원래 하나의 큰 섬이었는데 오랜 세월이 흐르는 과정에서 동도와 서도로 나뉘었어요. 한 몸이었다가 헤어진 것이 서운했던 걸까요? 동도와 서도 사이에는 징검다리처럼 보이는 바위들이 있습니다.

3개의 바위가 쪼르르 앉아있는 형태가 동도와 서도를 이어주는 것 같기도 하고, 동도에서 서도로 부지런히 향하는 모습 같기도 한데요.

> 독도를 지키는 용감한 삼형제~

바로 삼형제굴바위입니다. 독도의 대표적인 시스택 지형이에요. 마치 형을 따르는 두 동생의 모습 같다고 하여 붙여진 이름이죠. 신기하게도 가장 큰 바위에는 3개의 동굴 입구가 있는데, 삼형제굴은 이 3개의 해식동굴을 의미하는 이름이기도 합니다.

삼형제굴바위는 이 해식동굴을 세 방향에서 볼 수 있는 매우 희귀하고 특별한 바위로써 국가지질공원 독도의 4대 지질명소 중 하나예요.

* 해식동굴 : 파도에 의한 침식작용이 바위의 약한 부분을 깊숙이 파 들어가면서 생긴 굴

바위가 깎여서 동굴이 생길 정도면 그동안 얼마나 강한 파도를 견뎌왔던 걸까요? 실제로 동해의 먼 바다에서 밀려오는 파도는 삼형제굴바위를 완전히 덮을 만큼 높고, 그 염분으로 인해 삼형제굴바위 표면에는 식물이 자라지 못한다고 합니다. 이렇게 거친 환경 속에서도 언제나 정답게 앉아있는 삼형제굴바위, 정말 대견하고 멋지죠?

▶ 영상으로 공부하기

바다에서 하늘이,
하늘에서 바다가 보이는 천장굴

독도의 천장이 뚫렸다?!

동도 중앙에는 아주 신기한 동굴이 하나 있습니다. 이 동굴은 외관부터 무척 특이한데요. 동굴의 형태가 가로가 아닌 세로형이에요. 마치 거대한 우물처럼 수직으로 약 100m 깊이의 동굴이 이어지고, 바닥에서는 바닷물이 찰랑거려요.

이 동굴의 이름은 바로 천장굴. 하늘을 향해 천장에 큰 구멍이 뚫려있어서 붙여진 이름이에요.

안녕! 나는 천장굴이야~

우와~

약 100m

화산재가 겹겹이 쌓여 만들어진 응회암의 층리가 절벽에 잘 발달해 있고, 바닥에는 바닷물이 자유롭게 통하는 2개의 아름다운 해식동굴이 있어요.

독도의 4대 지질명소로 언뜻 보면 동도 한가운데 활짝 핀 꽃송이같기도 한데요. 전문가들은 바위의 수많은 단층이 만나는 지점에 오목하게 패인 지형이 형성된 후 구멍이 뚫린 *침식와지로 추측하고 있습니다.

* 침식와지 : 웅덩이처럼 깊이 패인 땅

천장굴은 가파른 절벽으로 둘러싸여 사람들의 발길이 어려운 탓에 멸종위기야생생물2급인 귀한 흑비둘기가 서식하고, 독도 고유 자생식물들이 자라는 등 자연생태계가 잘 보존돼 있는데요. 특히 독도를 100년 이상 지켜왔다는 영토적 상징성을 지닌 천연기념물 제 538호 독도사철나무도 천장굴 절벽에서 살고 있습니다.

▶ 영상으로 공부하기

우리나라의 아침을 활짝 열어주는 독립문바위

독립문바위에 둥근 해가 떴습니다~♪♬

우리나라에서 가장 동쪽에 있는 영토인 독도. 독도에서도 동쪽에 있는 섬은 동도. 그럼 동도의 가장 동쪽에는 무엇이 있을까요?

바로 **독립문바위**입니다. 둥글고 웅장한 아치형 모양이 청나라로부터 자주적인 독립을 하기 위해 세운 독립문과 닮아 붙여진 이름이죠.

나야 나! 독립문바위!

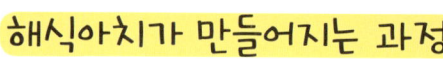
해식아치가 만들어지는 과정

독도의 4대 지질명소이기도 한 독립문바위는 다양한 지형학적 특성이 관찰되는 경관적 가치가 아주 높은 바위입니다. 겹겹이 쌓인 수평 층리가 뚜렷하고, 파도로 인해 암석 부분이 뚫린 해식아치 형태를 보여주고 있죠. 바다 쪽으로 튀어나온 부분의 암석이 오랫동안 파도의 침식작용에 의해 점점 깎여나가면 해식동굴이 만들어지는데, 이 해식동굴이 더욱 깎여나가 뻥 뚫린 형태가 되면 남겨진 바위의 윗부분은 자연스럽게 아치형인 해식아치 지형이 되지요.

그런데 정말 신기하지 않나요? 동도의 가장 동쪽 지형이 아치형 대문을 시원하게 열고 있는 독립문바위라는 사실이 말이에요. 혹 아침 해를 가장 먼저 만나 대한민국의 하루를 활짝 열고 싶은 우리 독도의 진심이 듬뿍 담긴 지형은 아닐까요?

독립문바위는 독도의 4대 지질명소로서 우리나라의 아침을 활짝 열어주는 해식아치 지형이다!

기억해!

▶ 영상으로 공부하기

수평 층리!

해식아치 형태

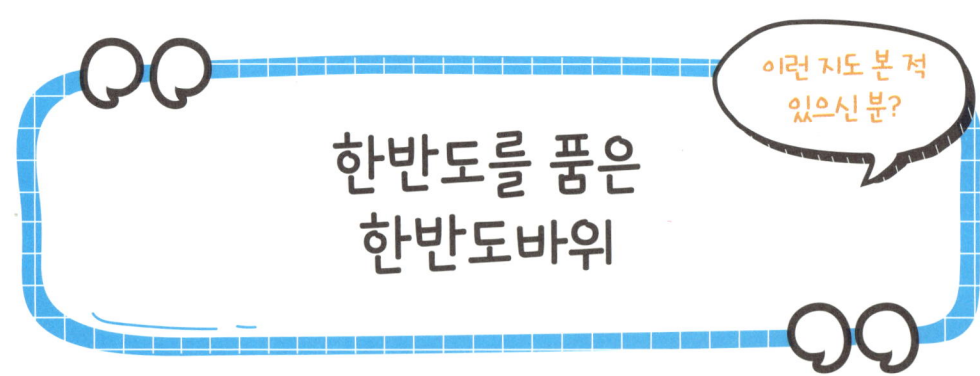

한반도를 품은 한반도바위

이런 지도 본 적 있으신 분?

우리 독도에는 아주 특별한 지도가 있어요. 바로 우리나라 지형인 한반도 지도인데, 이 지도가 특별한 이유는 독도에 직접 새겨진 지도이기 때문이에요.

우리나라 지도 같다~

실제 땅이라 더욱 생생한 느낌을 주는 이 지도는 사실 진짜 지도가 아니라, 독도의 바위입니다. 바로 한반도 모양을 꼭 닮은 한반도바위인데요. 마치 '독도는 우리 땅'을 증명하듯이 독도가 스스로 만들어낸 지형입니다.

동도에 있는 한반도바위는 배를 타고 나가 북쪽에서 바라보면 만날 수 있어요. 한반도바위의 주변은 모두 암석으로 이루어져 있는데, 신기하게도 한반도 모양에는 푸른 식물이 자라고 있어요. 마치 독도가 우리나라 땅이라는 사실을 널리 알리려는 것처럼 말이에요.

푸른 한반도바위는 소중한 생명의 보금자리이기도 한데요. 바로 바다제비의 집단 번식지입니다. 바다제비는 포식자의 눈에 띄지 않게 경사진 곳의 바위틈이나 돌이 적은 곳에 구멍을 파고 둥지를 만드는데, 보송보송한 식물이 있고, 경사진 지형의 한반도바위는 바다제비가 아주 좋아하는 상소이시요.

바다제비는 독도의 밤을 지키는 파수꾼이기도 한데요. 한반도바위에서 태어난 아기 바다제비도 장차 용감한 파수꾼이 되어 독도의 밤하늘을 지키겠지요?

기억해!

동도에는 독도가 우리 땅이라는 사실을 증거처럼 보여주는 한반도바위가 있다!

▶ 영상으로 공부하기

가제바위 위 그 많은 강치는 누가 다 잡았을까?

> 독도 강치 보고 싶어...

독도의 최북단에는 유난히 편평한 모양의 바위섬 2개가 있어요. 바로 가제바위인데요. 바위 크기에 따라 큰가제바위, 작은가제바위로 부릅니다. 널찍하고 평평한 모양이라 여럿이 모여 놀기에 좋아 보이는 바위인데요. 특히 큰가제바위는 육상에 드러난 면적이 약 3,320m²(1,000평)로 독도 89개의 부속도서 중 군함바위 다음으로 큰 면적을 가지고 있죠.

넓고 평평한 가제바위는 바다사자의 한 종인 강치들이 주로 서식하던 바위인데요. 울릉도에서는 강치를 가제, 가지로 불렀다고 합니다.

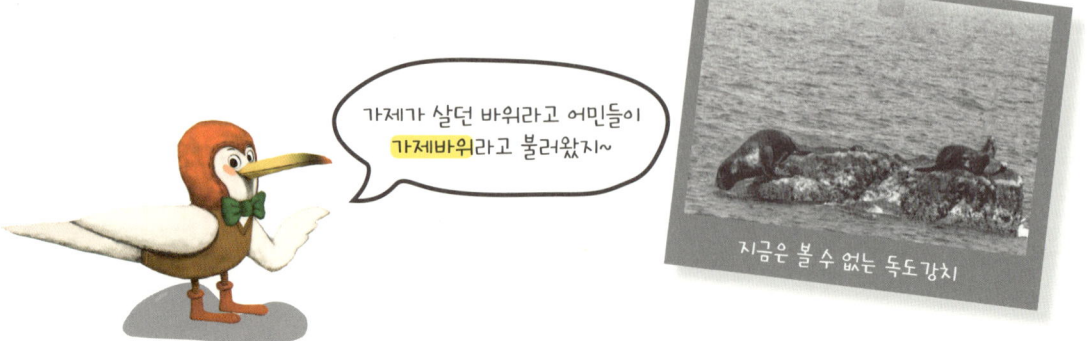

> 가제가 살던 바위라고 어민들이 가제바위라고 불러왔지~

지금은 볼 수 없는 독도강치

조선왕조실록에 가지어라는 이름으로 등장하는 강치는 20세기 초만 해도 독도에서 수만 마리가 살고 있었어요. 뒹굴뒹굴 쉬기에 좋은 바위가 있고, 먹잇감도 풍성해서 옛날부터 독도는 강치의 집단 서식지이자 번식지였지요. 그랬던 가제바위이고, 독도 바다인데... 지금은 단 한 마리의 강치도 찾아볼 수 없습니다.

> **정조실록**
> "가지도에 가서 보니 가지어 4~5마리가 놀라며 뛰어올랐다. 생김새는 물소를 닮았다."
> 1784년 정조 8년

독도 강치를 잡는 일본 어부들

바로 강치의 기름과 가죽을 얻으려는 일본 어부들의 마구잡이식 강치잡이 때문인데요. 본격적인 강치 포획이 시작된 1904~1913년에 무려 14,000여 마리의 독도 강치가 희생되었고, 이후에도 매년 100~300마리가 지속적으로 포획되었습니다. 일본 어부들은 독도 강치의 씨를 완전히 말릴 것처럼 대규모로 무분별하게 강치를 잡았는데 어찌나 거침없고 무자비했는지 독도 바다가 빨갛게 물들 정도였어요. 이후 수십 마리가 겨우 잔존하다가 마침내 그 모습을 찾아볼 수 없게 되었죠. 1994년, 세계자연보전연맹은 1950년대 이후 신뢰할 수 있는 목격 사례가 없다면서 독도 강치가 멸종되었음을 선언했습니다.

독도 강치들이 평화롭게 살아가던 가제바위는 울릉도, 독도의 10대 비경 중 하나로 아주 뛰어난 수중경관을 가지고 있어요. 바다 아래로 크고 작은 봉우리가 잘 발달돼 있어 대황, 감태, 미역 같은 해조류와 다양한 해양생물이 풍부하게 서식하고 있죠.

이처럼 가제바위의 아름다운 바닷속 풍경은 100여 년 전과 다름없고, 독도 강치가 좋아하던 오징어, 꽁치, 멸치도 여전히 풍성한데, 주인 잃은 가제바위 위는 텅 비어 있습니다. 그래서 가제바위라는 이름이 더욱 쓸쓸하게 느껴집니다.

?? 여러분은 납득이 되시나요? 끊임없이 독도 영유권 왜곡 주장을 일삼는 일본인데요. 만약 독도를 정말, 조금이라도 자기네 땅이라고 생각했다면 독도의 소중한 강치를 그토록 함부로, 마구, 멸종에 이르도록 열심히 잡았을까요?

> 독도 가제바위는 가제로 불렸던 바다사자인 독도 강치가 주로 서식하던 장소이다!

기억해!

▶ 영상으로 공부하기

독도의 신기한 동물 이름 바위

알고 보니 독도는 동물원?!

91개의 바위섬으로 이루어진 독도에는 독특한 이름을 가진 바위들이 많은데요. 그 중에는 동물 이름을 가진 바위들도 있습니다. 독도의 동물 이름 바위와 그 이름이 붙여진 이유를 함께 알아보아요.

코끼리바위

서도에 있는 이 바위는 코끼리가 물을 마시는 모습과 꼭 닮아서 코끼리바위라는 이름을 갖게 되었어요. 커다란 코로 푸른 동해의 물을 꿀꺽꿀꺽 모조리 마셔버릴 것 같은 아주 늠름한 기세의 바위죠. 만약 누군가 독도를 욕심내며 얼쩡거렸다간 독도 코끼리의 세찬 물대포 세례를 당할 수 있으니 조심해야 할 거예요.

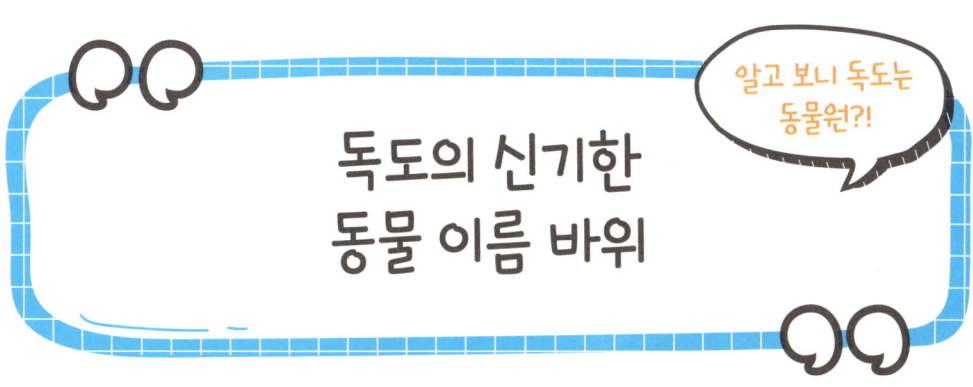

꼬꼬댁~

닭바위

암탉이 소중하게 알을 품고 있는 모습을 닮은 바위예요. 서도에서 바라볼 때 그 모습이 더욱 생생하게 느껴지는데 그야말로 바람과 파도의 멋진 합작품이에요. 언제나 새 생명을 품고 있는 닭바위 덕분에 독도에는 항상 희망의 기운이 가득해요.

거북손

보찰바위

바위 표면에 보찰이 잔뜩 붙어있는 바위예요. 보찰은 거북손의 방언이에요. 임진왜란 이후 남해안 주민들이 울릉도와 독도에서 어업활동을 많이 하게 되면서 거북손이 보찰로 불리게 되었죠. 보찰바위는 표면에 보찰이 빼곡하게 붙어있고, 바위 모양 자체도 보찰을 닮은 데서 비롯된 이름이에요.

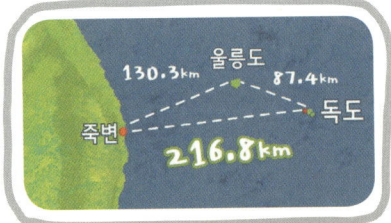

보찰바위는 한반도 본토와 독도의 최단거리의 독도 기점 쪽 바위예요. 즉, 한반도에서 가장 가까운 독도가 바로 보찰바위라는 뜻이죠.

기억해!

코끼리바위, 닭바위, 보찰바위는 동물 이름을 가진 독도의 아름답고 특별한 바위이다!

▶ 영상으로 공부하기

독도 바위의 이름은 누가 지었나?

작명 센스 넘치네~

독도는 동도와 서도와 89개의 바위섬으로 이루어져 있어요. 동도는 동쪽에 있어서 동도, 서도는 서쪽에 있어서 서도인데요. 그럼 독도의 다른 바위들은 어떤 이름을 가지고 있을까요? 지금부터 다양한 독도 바위의 이름을 소개합니다.

촛대바위

서도 앞에서 호위무사처럼 우뚝 서 있는 이 바위의 이름은 촛대바위예요. 생김새가 길쭉한 촛대를 닮은 데서 유래한 이름이죠. 동도 쪽에서 보면 투구 쓴 장군의 얼굴처럼 보여서 장군바위라고도 불러요. 촛대바위는 촛불처럼 독도를 환히 밝혀주고, 늠름한 장군처럼 독도를 든든히 지켜주는 믿음직한 바위예요.

탕건봉

먼 바다에서도 눈에 확 띌 만큼 우뚝 솟은 해식절벽인 이 바위는 조선시대에 갓 아래 받쳐 쓰던 모자의 일종인 탕건을 닮아 탕건봉이라는 이름을 갖게 되었어요. 탕건의 모양처럼 봉우리의 앞쪽은 낮고, 뒤쪽은 높은 형태지요. 서도 북쪽에서 만나볼 수 있는 듬직한 바위예요.

우와~ 정말 사람 옆모습 같아~!

얼굴바위

사람의 옆얼굴 모양을 닮은 얼굴바위예요. 현지 어민들에게 구전으로 전해져 온 이름이죠. 마치 상투머리를 한 사람이 동해를 바라보는 모습이라 동해를 지키는 바위라고도 해요. 독도와 동해에 대한 우리나라 사람들의 깊은 마음을 상징하는 특별한 바위라고 할 수 있어요.

군함바위
커다란 군함을 닮았다고
현지 어민들이 불러온 이름이에요.

부채바위
남서쪽에서 바라보면
부채를 쫘악~ 펼친 모양이에요.

진해바위가
지네바위가 됐어!

우리가 쉬던 곳이지~

지네바위
이진해라는 어부가 미역을 채취했던 바위로
진해 → 지네가 되었어요.

해녀바위
해녀들이 고단한 작업 중에
잠시 쉬어가던 바위예요.

미역바위
어민들이 이곳에서 미역 채취를 많이 하여 붙여진 이름이에요.

넙덕바위
현지 어민들이 불러온 이름으로 평평한 모양에서 유래했어요.

이처럼 독도 바위의 이름에는 독특한 지질학적 특성과 옛 생활상이 잘 담겨있어요. 독도의 구석구석을 잘 알고 그 특징에 딱 맞는 이름을 붙인 작명 센스가 참으로 지혜롭고 멋지지 않나요? 독도 바위의 이름은 오랜 세월 동안 독도와 함께 해온 우리나라 사람들의 흔적이며 독도가 우리 땅이라는 명백한 증거입니다.

독도 바위의 이름에는 독도와 함께 살아온 옛 사람들의 발자취가 고스란히 담겨 있다!

기억해!

▶ 영상으로 공부하기

별것도 술술~ 독도 TMI

Tip ✱ 제주도, 울릉도, 독도. 셋 중에 누가 첫째?!

셋 중에서 가장 큰 섬인 제주도의 나이는 약 **120만 살**

그 다음으로 큰 섬인 울릉도의 나이는 약 **250만 살**

그런데 독도의 나이는 무려 약 **460만 살**

나이순으로 정리하면

첫째 **독도!** > 둘째 **울릉도!** > 셋째 **제주도!**

Tip ✱ 독도가 우리나라 바다를 넓혀준다고?

영해는 우리나라의 주권이 미치는 바다로, 해안선에서부터 <u>12해리(약 22km)</u>까지인데... 독도는 동해안에서 멀리 떨어져 있어서 독도를 중심으로 12해리까지의 바다가 우리나라 영해이지. 또한 어업과 같은 경제활동을 할 수 있는 바다의 범위인 배타적 경제수역은 영토에서 <u>200해리(약 370km)</u>까지. 따라서 독도는 독도로부터 200해리까지의 바다 권리를 갖게 해주는 아~주 중요한 섬이야~!

독도에 생명을 불어넣은 물골

물이 나는 골짜기~

독도의 서도에는 물골이라는 동굴이 있습니다. 바로 독도의 유일한 샘물이 나는 곳이지요. 파도가 세고, 커다란 몽돌이 펼쳐지는 서도의 북사면 해변에 위치한 물골은 말 그대로 '물이 나는 골짜기'라는 뜻이에요.

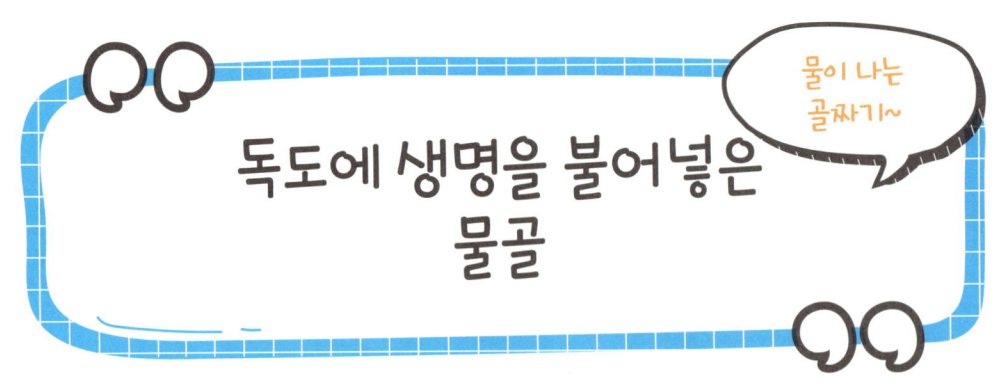

우와~ 이 동굴 안에 먹을 수 있는 물이 있구나~

높이 약 3m, 너비 약 4.5m의 입구로 통하는 물골은 안으로 들어갈수록 좁아지는 형태의 동굴입니다. 보이지 않게 바위 사이로 흘러내리는 물의 양이 하루 약 1,000리터. 상류에서 내린 눈비가 스며들었다가 이곳에서 나오는 것으로 추측하고 있어요. 바닥에는 물을 저장하는 급수조가 설치돼 있습니다.

물골은 독도에서 유일하게 식수를 구할 수 있고, 해변에 위치하고 있어서 독도에 들어온 사람들이 초기에 머물기에 좋은 장소였습니다. 독도에서 어업활동을 하던 어부와 해녀들이 물골에서 거주했고, 독도의용수비대도 독도 상륙 후 이곳을 첫 주둔지로 삼았지요.

독도의 첫 번째 주민인 최종덕 씨도 물골에서 독도 생활을 시작했어요. 그런데 서도 북쪽이라 햇볕이 거의 들지 않고, 파도가 높은 날에는 바닷물이 샘까지 밀려왔어요. 이에 최종덕 씨는 지금의 주민숙소 자리로 터전을 옮기고, 물골 입구에 바닷물을 막기 위한 옹벽을 쌓았어요.

이사 후에는 배를 타고 물골로 물을 뜨러 다녔는데, 날씨가 궂은 날에는 배를 띄울 수가 없었어요. 배를 타지 않고도 물골로 가기 위해 최종덕 씨는 해녀, 어부들과 함께 집에서 물골로 넘어가는 험준한 산길에 무려 998개의 계단을 놓았습니다. 바로 주민숙소 뒤로 이어지는 긴 사다리처럼 생긴 가파른 계단길인데요. 하늘도 닿을 만큼 까마득하게 높은 길이에요.

얼마나 힘드셨을까?

어부와 해녀들은 험준한 산길을 수없이 오르내리며 998개의 계단을 만들었고, 계단길이 완성된 후에는 무거운 물동이와 물지게를 지고 쉼 없이 넘나들었어요. 정말 그 수고로움과 고생이 어땠을지 감히 상상조차 어려운데요. 계단 한 층 한 층마다 물을 구하는 절실함이 고스란히 녹아있습니다.

물골의 물은 비위가 약한 사람은 마시기 힘들 만큼 물맛이 좋지 않다고 하는데요. 독도에서의 생활은 사명감 없이는 결코 버틸 수 없는 극한 삶의 현장이었습니다. 그럼에도 독도를 개척하고 지켜주신 분들이 있었기에 오늘날 아름답고 소중한 우리 섬 독도가 우뚝 존재하는 것이지요.

물골은 독도 수호의 일등 공신!

1983년에 만들어진 물골 계단은 2008년에 현재의 나무계단으로 새 단장을 했습니다. 물골의 물은 2007년 독도에 해수담수화시설이 만들어지기 전까지 독도를 오간 어민들, 독도의용수비대, 독도경비대, 그리고 독도를 찾는 수많은 새들의 갈증을 달래주는 유일한 식수원이었어요. 물골의 역사는 독도의 그 어떤 시설물보다 길고, 물골이 상징하는 의미와 역사적 가치도 소중합니다.

1983년　　　　　2008년

지금은 더 이상 물골의 물을 마시지 않지만, 물골의 물은 대한민국 독도를 다녀온 귀중한 물이며, 유사시 독도에서 식수를 구할 수 있는 유일한 수원지이며, 독도가 국제법상 암초가 아닌 섬으로 지위를 인정받는데 중요한 근거입니다. 독도의 소중한 물골을 오래오래 잘 보존해야겠습니다.

기억해!

독도의 유일한 식수인 물골 샘물은 대한민국 독도를 지키는 생명수였다!

▶ 영상으로 공부하기

4. 보물섬 독도의 하늘 보물을 만나보아요!

독도는 계절마다 이동하는 철새들의 소중한 보금자리예요!

독도가 철새들의 보금자리로 선택된 이유

독도는 동해 한가운데에 덩그러니 혼자 있어서 외로운 섬으로 보일 수도 있겠지만 실은, 수많은 손님으로 붐비는 활기찬 섬이에요. 그것도 잠시 놀러 온 손님이 아니라 독도에서 짝을 만나 결혼을 하고, 집을 짓고, 알을 낳아 새끼를 키우는 아주 특별한 손님들이죠. 과연 어떤 손님들일까요?

해마다 잊지 않고 찾아와 독도의 푸른 하늘과 땅을 가득 채우는 손님의 정체는 바로 여름 철새와 나그네새들이에요. 이는 독도가 여름 철새들이 번식하기 좋은 환경이고, 동아시아와 대양주를 잇는 나그네새들의 이동경로 중심에 위치하기 때문인데요. 독도는 동해상을 이동하는 여름 철새의 번식지이고, 북쪽의 번식지와 남쪽의 월동지를 오가는 나그네새들이 쉬어가는 중요한 중간 기착지입니다.

게다가 독도 주변 바다는 황금어장이에요. 따뜻한 바닷물과 차가운 바닷물이 만나는 독도 바다는 플랑크톤이 풍부해서 물고기들이 많이 모여드는데, 이들의 알과 어린 물고기 등의 먹이 자원을 얻기 위해 많은 새들이 독도로 모여들지요.

먹이가 풍부한 독도는 새들이 새끼를 낳고 잘 키우기에 적합한 번식지예요. 또한 독도는 계절에 따라 월동지와 번식지를 옮겨 다니는 나그네새들이 먹이와 물을 먹으며 잠시 쉬어가는 휴양지이며, 여행 중에 병이 난 새들이 응급실처럼 이용하는 좋은 회복실이기도 해요.

▶ 영상으로 공부하기

독도를 지키는 용감한 괭이갈매기

고양이도 아니면서 야옹~

아직 차가운 겨울바람이 남아있는 독도의 2월 하늘에 등장하는 성미 급한 손님들이 있습니다. 바로 매서운 눈빛과 강렬한 노란색 부리가 인상적인 ==괭이갈매기==들인데요. 울음소리가 고양이를 닮았다고 하여 붙여진 이름이에요.

해마다 1~2만 마리가 독도를 찾아와 짝을 짓고 번식을 하는데, 3월이 되면 동도와 서도를 빼곡히 덮을 만큼 그 수가 많아져요. 이는 독도가 괭이갈매기의 최대 번식지이기 때문이에요.

야옹~

4~6월에 2~4개의 알을 낳고 24일간 엄마 아빠가 교대로 정성껏 품어주면 갈색 털 아기 새가 태어납니다. 걸음마와 날갯짓을 배우며 무럭무럭 자라다가 7~8월이 되면 가족과 함께 울릉도나 동해안으로 날아가 겨울을 보낸 뒤 이듬해 2월에 독도의 봄을 활짝 열며 다시 독도를 찾아오지요.

괭이갈매기 아기 새 시절,,,

69

아 아~ 독도의 봄을 알립니다~ 괭이갈매기들 모여라~~

☀ 독도 햇살이 좋아!

우리 아가~ 뽀뽀 ^ㅋ^

줄을 서시오~!

철새들의 중간 기착지인 독도는 언제나 수많은 새들로 북적이는데, 그중에서도 괭이갈매기의 수가 월등히 많습니다. 때문에 괭이갈매기는 독도를 상징하고, 독도를 지키는 특별한 존재로 인식돼 왔는데요. 이른 봄에 가장 먼저 찾아와서 겨울 동안 잠들었던 독도를 화들짝 깨우는 괭이갈매기의 꿈은 과연 무엇일까요? 혹시 가장 높이 날아올라 가장 용감하게 독도를 지키는 걸까요?

기억해!

독도의 봄은 괭이갈매기가 날아오르면서 시작되고 독도는 괭이갈매기의 최대 번식지이다!

▶ 영상으로 공부하기

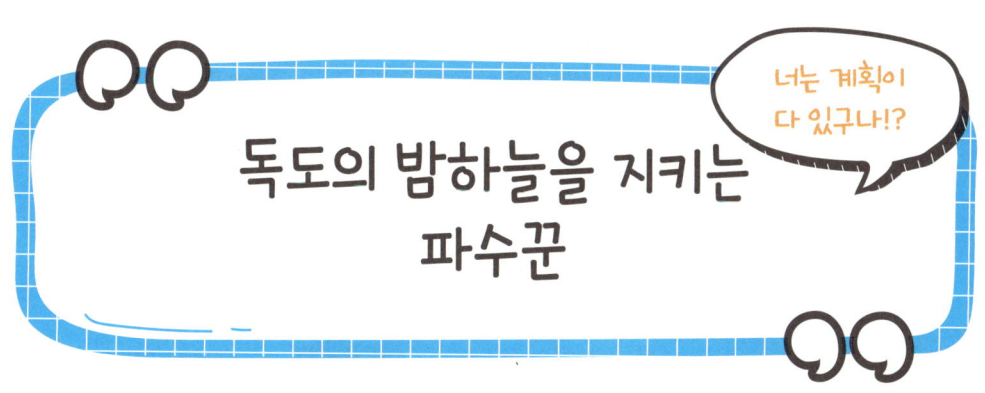

독도의 밤하늘을 지키는 파수꾼

동해 한가운데에 위치한 독도는 짝을 만나 새끼를 키우기에 적합한 번식 섬이어서 엄마 아빠가 되고 싶은 수많은 새들이 찾아오는데요. 그중에서도 자녀 양육에 특히나 헌신적인 어미새가 있습니다. 바로 '하나만 낳아 잘 키우자'는 신념으로 단 1개의 알만 낳아 온 정성으로 키우는 바다제비인데요.

바다제비의 이런 행동은 자신이 운반할 수 있는 먹이를 전부 한 아기에게 먹여서 최대한 튼튼하게 키우기 위함입니다. 이를 위해 산란시기도 먹이가 풍부한 시기로 정할 만큼 철저하게 자녀계획을 세우지요.

보통 6월 무렵에 독도를 찾는 바다제비는 경사진 곳의 바위틈이나 돌이 적은 곳에 구멍을 파고 둥지를 지어요. 이는 포식자로부터 둥지를 보호하기 위해서예요. 둥지는 마른 풀이나 낙엽을 깔아서 아늑하고 포근하게 만들어요.

이렇게 만들어진 바다제비의 둥지는 동도의 한반도바위, 서도의 물골, 왕호장근 서식지 일대에서 많이 볼 수 있어요.

7월경에 1개의 흰색 알을 낳아 약 40일간 품고, 귀여운 아기가 태어나면 2개월간 부지런히 먹이를 물어다 먹이며 지극정성으로 돌보지요.

맘마 가져왔다!

땅속에 집을 짓기 때문에 보호색이 필요 없는 흰색 알

아기 바다제비는 검은색 솜털로 덮여있어요.

자녀 양육에 최선을 다하는 바다제비는 독도의 밤하늘을 지키는 파수꾼이기도 한데요. 새벽에 바다로 나갔다가 둥지가 있는 독도에는 밤에 돌아오기 때문이에요. 무럭무럭 자라나는 아기 바다제비도 장차 밤새 잠들지 않고 독도를 지키는 용감한 파수꾼이 될 예정입니다.

6월 무렵에 독도에 와서 단 1개의 알을 낳는 바다제비는 독도의 대표 야간 파수꾼이다!

기억해!

▶ 영상으로 공부하기

독도의 여름 손님 슴새

> 독도의 섬집아기~

"엄마가 섬그늘에 굴 따러 가면~♪
아기가 혼자 남아 집을 보다가~♪
바다가 불러주는..."

자장가로 많이 듣고 부르는 동요 '섬집아기'의 가사인데요. 독도에도 귀여운 섬집아기가 살고 있어요. 바로 슴새 둥지에서 만날 수 있는 아기 슴새이죠.

슴새는 여름에 독도에서 번식하는 철새로 '섬에 사는 새'라는 뜻의 '섬새'에서 유래한 이름이에요. 이름처럼 사람의 왕래가 적은 먼 바다의 섬에서 생활하고 번식하며, 번식기를 제외한 대부분의 생애를 바다에서 보내지요.

내 이름은 슴새!

너... 나랑 비슷하냐...
내가 더 잘생김...

슴새의 생김새가 씽씽이랑 많이 닮았다는데, 정말 그런가요?

슴새의 몸길이는 50cm정도이지만 날개를 편 길이는 120cm나 되고, 몸 윗면은 전체적으로 흑갈색이에요. 머리에는 흰색 바탕에 검은색 줄무늬가 흩어져 있고, 부리는 옅은 회색으로 길고 뾰족하며 갈고리처럼 굽은 모양이에요. 관 모양처럼 생긴 긴 원통형 코도 슴새의 특징이에요.

무리 지어 생활하고 수면 위를 낮게 날며 먹이를 찾지요. 멸치 같은 소형 어류를 좋아하는데, 먹이 사냥을 위해 잠깐이지만 20m 깊이까지 잠수도 할 수 있어요. 경사진 바위나 나무 위에 기어 올라가 뛰어내리기와 날갯짓을 동시에 하면서 날아오르고, 바다에서는 물 위에서 달리기와 날갯짓을 하며 비행기가 활주로를 이용하듯 날아올라요.

◠ 2월 말~ 3월 ◡   ◠ 10월~11월 ◡

겨울철에 남중국해, 뉴기니아, 아라푸라해 등지에서 월동하고, 3,000~6,000km를 날아 우리나라에는 2월 말~3월에 찾아와요. 섬에 사는 새답게 독도, 제주도의 사수도, 전남 칠발도가 집단 서식지예요.

6~7월에 1m 깊이의 땅굴을 파서 둥지를 만들고, 바다제비처럼 단 1개의 알을 낳아 부모가 50여 일간 교대로 품어요. 아기가 태어나면 어미는 80여 일 동안 '섬집아기'의 가사처럼 낮에 바다로 나가 먹이를 잡고, 밤이 되면 둥지로 돌아와 새끼를 키우는 독특한 습성을 가지고 있지요.

10~11월에 다시 월동하러 남쪽의 먼 바다를 향해 떠나는데 괭이갈매기보다 더 빠르게 날고, 하루에 수백km를 이동하면서 먹이를 찾아요. 개체수가 급격히 감소하고 있는 슴새의 집단 번식지인 사수도와 칠발도는 천연기념물로 보호받고 있습니다.

자신에게 허락된 단 1개의 알을 낳기 위해 멀고 먼 독도에 찾아오는 슴새는 보물섬 독도의 소중한 여름 손님이다!

기억해!

▶ 영상으로 공부하기

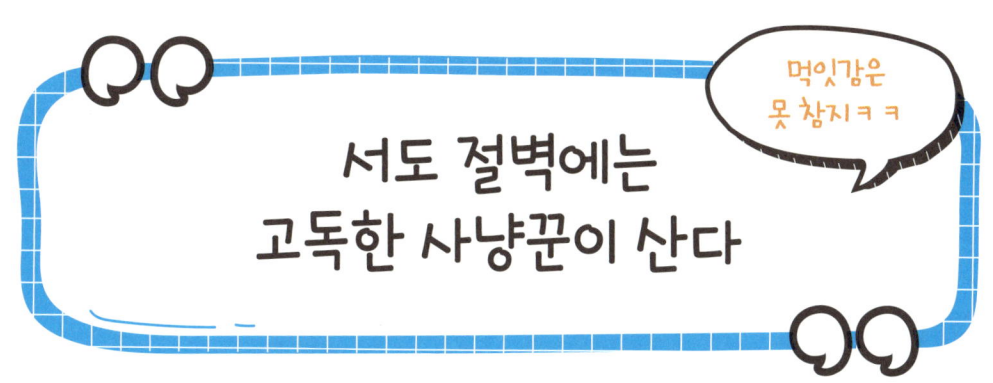

서도 절벽에는
고독한 사냥꾼이 산다

먹잇감은
못참지ㅋㅋ

독도의 서도 절벽에는 아주 특별한 새가 살고 있어요. 사냥감을 발견하면 순간 시속 400km의 속력으로 돌진하는 엄청난 비행능력의 소유자인데요. 바로 매입니다. 느긋하게 앉아 쉬다가도 먹잇감이 포착되면 순식간에 달려들어 낚아채고, 동도와 서도를 넘나들며 능숙하게 사냥하죠.

무시무시한 사냥꾼답게 위압감이 느껴지는 겉모습을 가지고 있는데요. 검은색 머리와 청회색 몸, 배 부분의 검은색 가로 줄무늬는 매의 용맹함을 대변하고, 날카로운 부리와 발톱과 날렵한 날개는 타고난 사냥꾼임을 증명하죠.

- 검은색 머리
- 날렵한 날개
- 청회색 몸
- 흰색 배에 새겨진 검은색 가로 줄무늬
- 날카로운 부리와 발톱

딴 딴딴 딴~♬

▲ 매의 알

평소에는 단독생활을 하는 고독한 사냥꾼이지만 번식기인 3~5월에는 암수가 함께 생활해요. 주로 서도의 절벽에서 번식하는데 움푹 들어간 맨바닥에 3~4개의 알을 낳고, 약 1개월간 주로 엄마가 품고, 낮에 가끔 아빠와 교대해요. 아빠는 다른 매가 침범하지 못하게 방어하거나 먹이 잡는 일을 담당해요. 갓 태어난 아기 매는 독도의 귀한 보물인데요. 매는 환경부 지정 <u>멸종위기야생생물1급</u>이며, 문화재청 지정 <u>천연기념물 제323-7호</u>로 보호받는 소중한 새입니다. 독도는 매를 비롯한 괭이갈매기, 바다제비의 중요 번식지예요.

기억해!

독도에서 지속적으로 관찰되는 매는 매년 서도에서 번식하는 독도의 소중한 보물이다!

▶ 영상으로 공부하기

곤충들의 독도 생존기

> 독도 생존기는 해피엔딩

독도는 동해에 독립적으로 위치한 대양 섬이에요. 생성 이후 한 번도 육지와 연결된 적이 없고, 가장 가까운 울릉도에서 87.4km, 한반도에서 216.8km나 떨어져 있어요. 그로 인해 육지로부터의 유입이나 이동이 어렵고, 제한된 식물 분포로 인해 작은 곤충이 스스로 독도에 찾아온다는 건 현실적으로 불가능한 일이었어요.

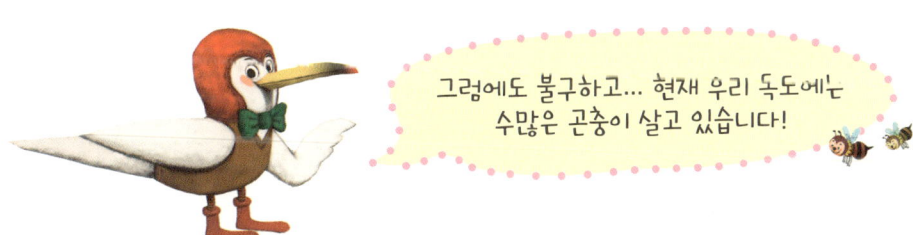

그럼에도 불구하고... 현재 우리 독도에는 수많은 곤충이 살고 있습니다!

매미, 벌, 파리, 딱정벌레, 잠자리와 같은 익숙한 곤충부터 애남생이잎벌레, 작은멋쟁이나비, 애땅노린재, 긴뺨모래거저리 같은 낯선 이름의 곤충까지 아주 다양하게 서식하고 있죠.

※애남생이잎벌레, 작은멋쟁이나비 사진출처 : 원작자 (권오석, 최광식) / 출처 (독도의 자연 이야기 - 곤충)

매미

벌

애남생이잎벌레

작은멋쟁이나비

79

몸집이 커봐야 기껏 어른 손가락 크기이고, 눈으로는 확인이 어려운 미소곤충 비율도 높은데요. 이렇게 작은 육지의 생명이 어떻게 동해 한가운데에 있는 대양섬 독도까지 오게 된 걸까요? 이에 대한 연구는 꾸준히 이어지고 있는데요. 학자들은 식물의 경우처럼 철새, 바람, 사람들에 의해 우연히 독도에 들어온 후 오랫동안 독립적으로 자생해왔을 것으로 추측하고 있습니다.

독도에서 조사된 곤충을 분류군별로 살펴보면 딱정벌레목, 나비목, 파리목, 벌목, 노린재목, 매미목, 톡토기목, 잠자리목, 메뚜기목, 집게벌레목, 풀잠자리목 등으로 나타납니다.

※독도장님노린재 사진출처 : 원작자 (권오석, 최광식) / 출처 (독도의 자연 이야기 - 곤충)

대양섬 독도는 주변 대륙들 사이에서 곤충들의 생물지리학적 한계선 역할을 하고 있는데요. 주로 우리나라, 필리핀, 인도 등지의 섬에서 서식하는 독도장님노린재는 국내에서는 처음 발견된 미기록종으로 세계적으로 분포하는 양상을 볼 때 독도가 북방한계선으로 알려져 있어요. 이는 독도보다 더 북쪽인 곳에서는 발견되지 않는다는 의미입니다.

※명아주나무이, 초록다홍알락매미충 사진출처 : 원작자 (권오석, 최광식) / 출처 (독도의 자연 이야기 - 곤충)

또한 우리나라와 연해주 지방 등지에 분포하는 명아주나무이와 초록다홍알락매미충은 독도가 세계 분포 상 동방한계선이고, 국내에선 독도에서만 발견되는 섬땅방아벌레는 독도가 세계 분포 상 서방한계선이에요.

독도장님노린재

꼬마남생이무당벌레

긴발벼룩잎벌레

붉은뒷날개나방

※독도장님노린재 사진출처 : 원작자 (권오석, 최광식) / 출처 (독도의 자연 이야기 - 곤충)

이는 바다로 둘러져 단절된 섬 생태계를 보여주는 독도의 특징에서 비롯된 현상이기도 한데요. 같은 이유로 독도장님노린재, 꼬마남생이무당벌레, 긴발벼룩잎벌레, 붉은뒷날개나방처럼 독도에서는 서식하지만 가장 가까운 울릉도에서는 발견되지 않는 곤충들도 있습니다.

느닷없이 떠밀려온 낯선 독도였지만 곤충들의 독도 생존기의 결말은 해피엔딩이에요. 환경적 요구가 적은 작은 몸집 덕분에 척박한 무인도 살이에 잘 적응하고 살아남았으니까요. 독도는 오랫동안 독립적으로 자생해온 독도 곤충에 관한 연구와 함께 지구온난화라는 환경변화 속에서 지속적인 곤충 모니터링을 할 수 있는 학술적 가치가 아주 높은 섬입니다.

기억해!

독도는 대양섬이지만 200여 종이 넘는 곤충이 잘 정착해 살고 있다!

▶ 영상으로 공부하기

울릉도

별이도 술술~ 독도 TMI

Tip ❋ 독도엔 대나무가 없다?!

일본인들은 현재 독도를 다케시마라고 부르는데... 다케시마는 원래 일본인들이
울릉도를 부르던 명칭이야. 일본인들은 울릉도에 대나무가 많이 자라는 걸 보고
'대나무가 많은 섬'이라는 의미로 다케시마(竹島 죽도)라고 불렀어.
그랬던 일본인들이 이제와 독도를 다케시마라고 부른다는 사실~!
독도엔 대나무가 한 그루도 없는데 말이야.

5. 보물섬 독도의 보물 바다를 만나보아요!

독도 바닷속 보물창고를 짠~ 공개합니다!

보물섬 독도를 품고 있는 아주 특별한 바다

독도 바닷속 숨겨진 보물들~

동도의 높이는 98.6m이고, 서도의 높이는 168.5m입니다. 그러나 이는 우리가 바라보는 독도의 모습이고, 실제 독도는 바다 아래로 크고 넓게 펼쳐지는 높이 2,270m에 이르는 거대한 해저산이에요. 독도 바다는 이렇게 웅장한 해저산 독도를 오롯이 품고 있는 아주 특별한 바다인데요. 과연 어떤 모습일지 지금부터 만나보아요.

넓다 넓어~

독도 바다는 차가운 바닷물인 한류와 따뜻한 바닷물인 난류가 만나는 바다예요. 그로 인해 플랑크톤이 아주 풍부하고, 먹이를 따라 무리 지어 이동하는 물고기 떼가 많이 모여들어요. 그리고 한류를 좋아하는 대구, 명태, 숭어와 같은 물고기와 난류를 좋아하는 오징어, 꽁치와 같은 물고기들이 모두 찾아오지요. 수심 2천 미터가 넘는 해저산의 경사진 암반에서는 소라, 성게, 홍합과 같은 다양한 해양생물과 미역, 감태와 같은 해조류가 풍성하게 자라고 있죠.

이렇게 수산자원이 풍부한 독도 바다는 우리나라 수산업에서 매우 중요한 황금어장이에요. 뿐만 아니라 차세대 에너지 자원인 가스 하이드레이트와 해양심층수, 인산염암처럼 우리나라에 꼭 필요한 해저자원도 든든히 품고 있는 아주 특별한 보물 바다입니다.

▶ 영상으로 공부하기

별이도 술술~
독도 TMI

TIP ✿ 클라스가 남다른 독도 문어~

독도 바다에 사는 문어는 전 세계에서 가장 큰 대왕 문어. 3미터까지 성장하는 큰 몸집만큼 용감해서 서해안, 남해안의 문어처럼 은신처에 숨어있거나 밤에만 살짝 다니지 않고, 어슬렁 어슬렁~ 먹이를 찾아 해조숲 사이를 느긋하게 다니거나 바위에 딱 앉아서 휴식을 취하곤 한단다.

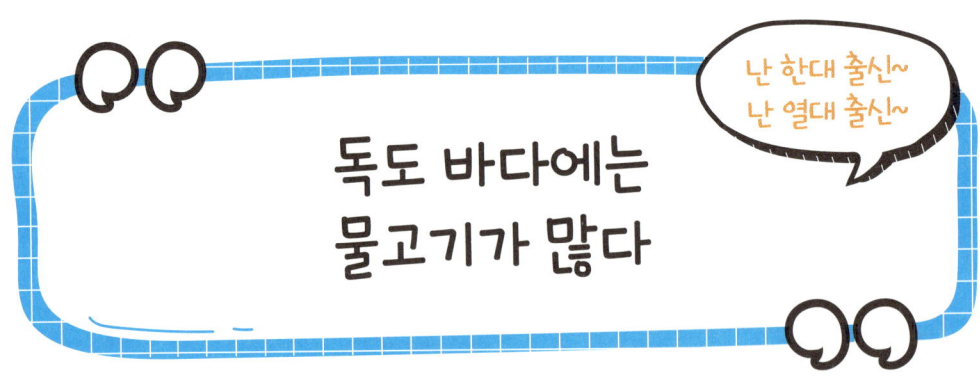

독도 바다에는 물고기가 많다

따뜻한 바닷물과 차가운 바닷물이 만나는 해양 특성을 가진 독도 바다는 그로 인해 형성되는 독특한 생태계를 가지고 있어요. 수온이 크게 달라지는 여름철과 겨울철의 어종이 다르고, 계절마다 다양한 어종이 찾아오고, 떠나가느라 무척 분주하지요. 독도 바다는 한대, 온대, 아열대, 열대, 심해, 희귀 어종을 모두 만날 수 있는 아주 풍성한 바다입니다.

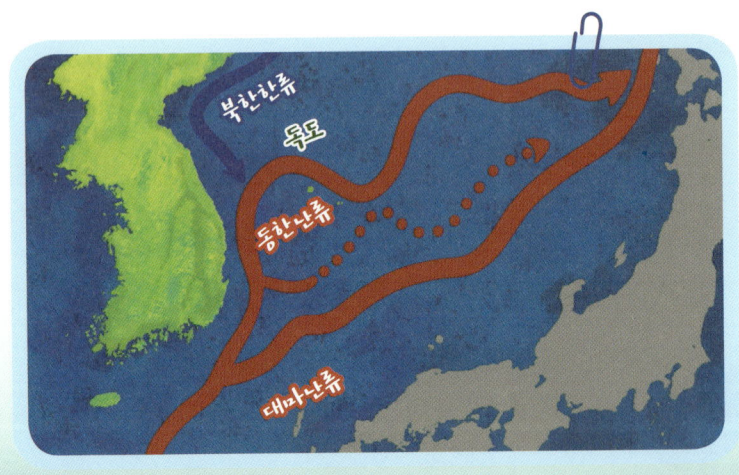

독도 바다의 여름은 수온이 20도 가까이 오르는 7월경부터 시작되는데, 이때 난류를 따라 남쪽에서 올라온 어종이 떼 지어 등장합니다. 바로 부시리, 방어, 잿방어, 참치방어, 파랑돔, 줄도화돔, 독가시치, 돌돔, 말쥐치와 같은 아주 다양한 어종인데요. 감태 숲, 대황 숲 사이를 신나게 몰려다니는 파랑돔, 줄도화돔 무리는 독도 바다가 마치 열대 바다인 것 같은 풍경을 연출하지요.

난류 물고기

이렇게 난류를 따라 이동한 회유성 어종은 가을까지 독도 바다에서 성장하다가 겨울이 되면 남쪽으로 무리 지어 이동합니다.

한류 물고기

대구　　명태　　숭어　　연어　　청어

반대로 한류를 찾아오는 어종으로는 대구, 명태, 숭어, 연어, 청어 등이 있습니다. 2-3월의 독도 바다는 수온이 10도 정도로 일 년 중 가장 낮고, 5-6월까지는 겨울 바닷속과 같은 어종과 경관이 펼쳐지지요.

온대성 물고기

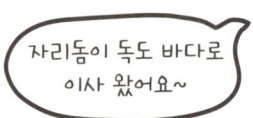 

자리돔이 독도 바다로 이사 왔어요~

또한 연중 독도에서 살아가는 온대성 어종도 있습니다. 바로 쥐노래미, 노래미, 망상어, 조피볼락, 볼락, 개볼락, 가막베도라치, 그물베도라치처럼 독도 바다의 수온이 9-10도로 낮아지고, 24-25도로 올라가도 살 수 있는 어종과 아열대성 어종인 자리돔이지요.

자리돔은 원래는 난류 해역에서 서식하지만 독도 바다에 정착한 어종으로, 겨울엔 독도 바다 수중 암초 속에 서식하며 산란할 여름을 기다립니다.

쥐노래미　노래미　망상어　조피볼락
볼락　개볼락　가막베도라치　그물베도라치

이렇게 사계절 독도 바다에서 서식하는 어종에는 혹돔도 있는데, 혹돔은 머리에 큰 혹이 있고, 생김새가 돔처럼 위엄이 있다고 하여 붙여진 이름입니다. 연중 독도 바다에서 살고, 몸집도 1m에 이를 만큼 커서 독도의 터줏대감이라는 별명을 가지고 있지요.

어떤가요? 따뜻한 바닷물과 차가운 바닷물이 만나는 바다답게 정말 다채롭고 풍성하지요? 독도 바다는 사계절 서식하는 붙박이 물고기, 시기마다 찾아오는 방문 물고기들이 활기차게 어우러지는 우리나라 대표 황금어장입니다.

▶ 영상으로 공부하기

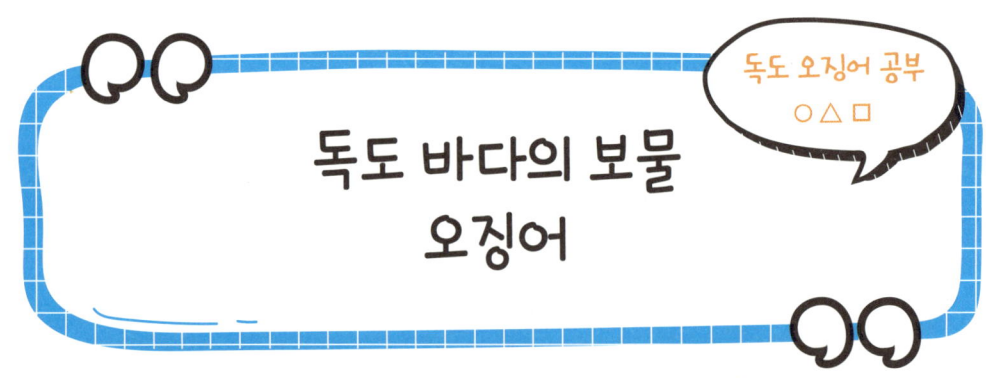

독도 바다의 보물 오징어

독도 바다는 우리나라 수산업에서 매우 중요한 황금어장입니다. 그중에서도 특히 동해안 최대 오징어 어장이 오랫동안 형성돼왔죠. 난류와 한류가 교차하는 독도 주변 바다는 플랑크톤이 풍부해서 먹이를 쫓아 이동하는 오징어 어군 형성에 아주 유리하기 때문이에요.

독도 주변 바다에서 잡히는 오징어는 우리가 흔히 접하는 살오징어입니다. 겨울철에 동해에서 가장 많이 어획되는 수산물인데요. 단 1년만 사는 연체동물로 머리에 다리가 붙어있는 두족류입니다. 다리는 모두 10개인데, 2개의 긴 촉수는 짝짓기를 하거나 먹이를 잡을 때만 사용해요.

낮에는 주로 수심 100~200m 사이의 깊은 바닷속에 머무르고 있다가 밤이 되면 먹이를 따라 50m까지 올라옵니다. 그래서 오징어 조업은 주로 밤 시간에 이루어져요. 먹이를 쫓아 동해로 들어와 독도 주변 바다에서 성장합니다. 동해에서는 가을과 겨울에 태어난 개체가 대부분이에요.

여기가 울릉도구나~!

오징어 조업 광경

독도 주변 바다의 오징어 조업은 1902년 무렵부터 시작되었는데, 이후 울릉도 어민들의 최고 생계 수단이 될 만큼 큰 몫을 차지해왔습니다. 특히 2000년대에는 오징어가 좋아하는 수온이 형성되면서 최대 어장으로 주목받았지요.

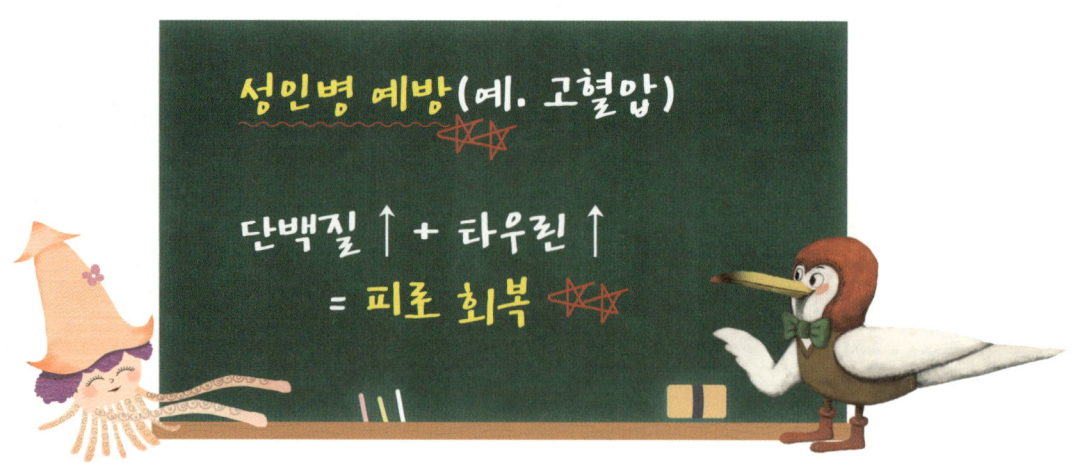

오징어는 고혈압과 같은 성인병 예방에 좋고, 단백질과 타우린 성분이 많아서 피로 해소에도 큰 도움이 되는 식품이에요. 가격도 저렴해서 간식으로도 반찬으로도 늘 인기 만점이지요.

지난 100여 년간 우리나라 사람들의 친숙한 먹거리였던 오징어는 중국 어선들의 불법조업으로 한동안 조업 위기를 겪고 기후, 해양, 어업환경 등의 변화로 인해 어획량이 예전 같진 않은데요. 그래도 가을이 되면 어김없이 찾아와 겨울철 우리 식탁을 풍성하게 채워주는 우리 동해의 소중한 보물입니다.

기억해!

오징어는 난류와 한류가 교차하는 황금어장 독도 바다의 대표적인 수산자원이다!

▶ 영상으로 공부하기

별이도 술술~
독도 TMI

Tip   ✡ 독도새우가 최고라고?!

독도새우는 독도 인근 바다에서 많이 잡히는 물렁각시붉은새우(꽃새우), 가시배새우(닭새우), 도화새우를 말해. 독도 바닷속 200-300m의 골짜기 모양 해저지형에서 만날 수 있지. 독도새우는 맛도 훌륭하지만 독도를 대표하는 새우로서 독도의 주권을 잘 보여주는 해양생물이야.

도화새우 ←

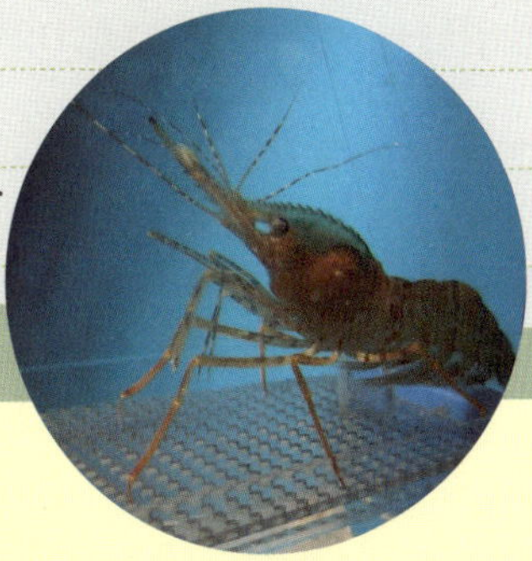

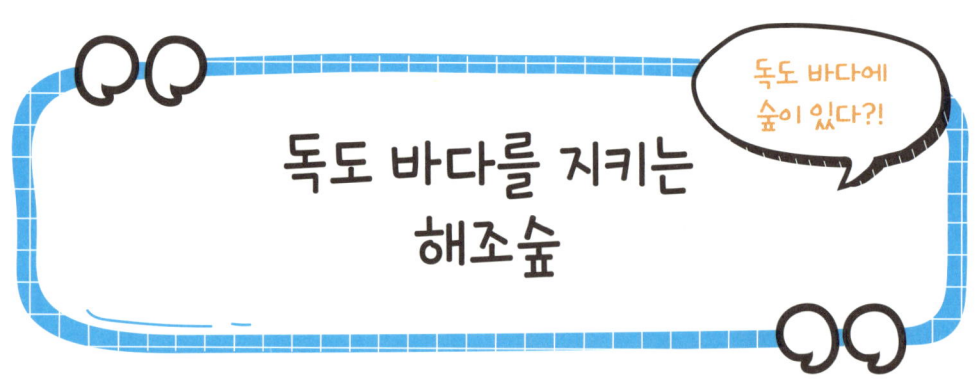

독도 바다를 지키는 해조숲

독도 바다에 숲이 있다?!

흔히 독도 바다를 가리켜 황금어장, 생물다양성의 보고, 한반도의 갈라파고스, 어류의 박물관이라고 합니다. 이는 독도 바다의 해양생태계가 무척이나 다채롭다는 사실을 의미하는데요. 이렇게 다양하고 풍성한 독도 바다가 되기까지는 대황, 감태와 같은 대형 해조류 군락의 든든한 활약이 있었습니다.

독도는 '해조류 군락 위에 솟은 바위섬'이라고 할 만큼 독도 바닷속 암반에서는 다양한 해조류가 서식 중인데요. 이들 해조류는 아주 울창한 해조숲을 이루며 독도를 포근하게 감싸고 있습니다.

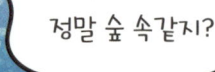

정말 숲 속같지?

독도 바닷속 해조류는 육지의 식물과 마찬가지로 광합성을 통해 이산화탄소를 흡수하고, 산소와 영양물질을 만들어내는데요. 이 산소와 영양물질을 먹기 위해 플랑크톤이 늘어나고, 플랑크톤을 먹이 삼는 작은 물고기들이 모이고, 그 작은 물고기들을 먹는 큰 물고기들이 모여들지요. 밀림처럼 무성한 해조숲은 초식성 물고기, 전복, 소라, 군소와 같은 작은 해양생물에게 먹이를 제공하고 안전한 산란장, 은신처, 보금자리를 제공하는 등, 해양생물이 살아가는데 좋은 서식지가 되어줍니다. 그중에서도 대황, 감태, 모자반, 미역 군락은 풍요로운 독도 바다를 지키는 대표적인 대형 해조류이지요.

대황

울릉도·독도가 원산지입니다. 수명이 4~6년인 여러해살이 해조류로 2년째 가을에서 겨울에 번식하고, 봄에 어린 개체가 나타납니다.

키는 약 50~100cm로 큰 개체는 약 1.5m까지 자라는데, 줄기 끝이 Y자처럼 두 갈래로 나뉘는 것이 특징이에요. 요오드와 칼륨이 풍부하고, 독특한 맛이 있는 훌륭한 식재료입니다. 대황을 잘게 썰어 쌀과 함께 넣어 밥을 늘려먹던 대황밥은 울릉도와 독도 사람들의 춘궁기 구황식이었어요. 특히 독도에서는 뱃길이 끊겨 쌀이 떨어질 때면 대황을 보태 밥을 지었습니다.

감태

대황과 생김새가 비슷한 여러해살이 해조류예요. 줄기 끝이 한 가닥이라는 점이 대황과 다르지요. 원기둥 모양으로 1~2m 이상 높이 자라는 감태는 독도 바닷속 해조숲 형성에 중요한 생태적 기능을 제공하는 해조자원이에요.

독도 바다를 지키는 대표적인 대형 해조류들을 소개할게!

모자반

파도가 약한 지역의 수심 5~15m에서 무성한 군락을 이룹니다. 톱니 모양의 잎을 가지고 있고, 키는 1~5m까지 높이 자라요. 여러 개의 줄기가 서로 꼬여서 다발을 이루기도 합니다.

미역

우리 식탁과 밀접한 1년생 해조류로 겨울에서 이듬해 봄까지 많이 자랍니다. 소라나 전복이 미역을 냠냠 해치운 여름철 독도 바다에서는 밑동만 남은 미역을 자주 볼 수 있어요. 막 자라난 독도의 어린 미역은 매우 부드럽고, 향도 진한 데다 맛도 아주 뛰어나다고 해요.

별이는 맛있는 미역국 냠냠~

안정된 먹이사슬을 유지해주는 울창한 해조숲 덕분에 독도 바다는 단위면적당 생물량이 우리나라에서 가장 많다고 하는데요. 울창한 해조숲은 풍요로운 독도 바다를 위한 전제조건이라는 사실을 기억하고, 소중하게 잘 보존해나가야겠습니다.

기억해!

해저산 독도를 포근하게 둘러싼 울창한 해조숲은 독도 바닷속 해양생태계를 풍성하게 유지하고 지키는 든든한 토대이다!

▶ 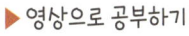 영상으로 공부하기

독도 바닷속 해저자원

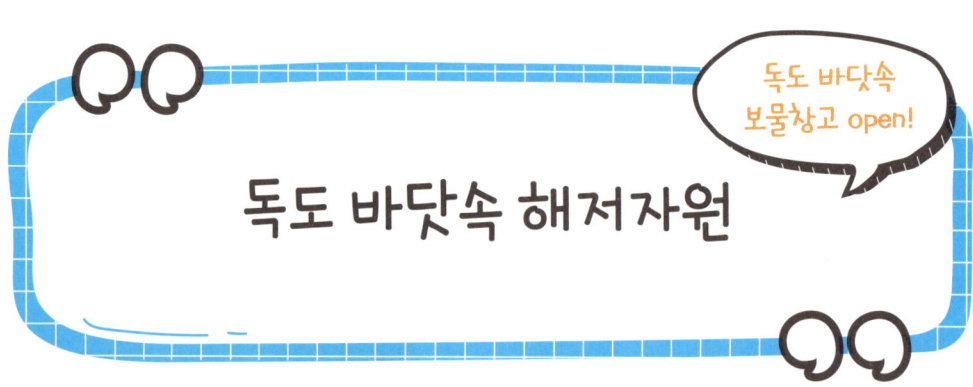

독도 바닷속 보물창고 open!

동해안에서 200km 이상 멀리 떨어져 있는 독도는 독도를 중심으로 12해리까지의 바다가 우리나라의 영해가 되고, 200해리까지의 바다에 권리를 행사할 수 있게 해주는 매우 중요한 섬인데요. 독도 바다는 거대한 보물창고처럼 우리나라에 꼭 필요한 해저자원을 한가득 품고 있습니다. 자 그럼, 독도 바닷속 보물 구경 좀 해볼까요?

가스 하이드레이트

보기엔 얼음처럼 생겼는데 불을 붙이면 활활 타올라서 불타는 얼음으로 불리는 가스 하이드레이트는 대부분의 에너지원을 수입하는 우리나라에 대한민국 연료의 가능성을 열어주는 차세대 에너지예요. 해초나 플랑크톤 퇴적층이 썩을 때 발생하는 메탄가스가 바다 깊숙한 곳의 차가운 물과 합쳐져 만들어진 고체 에너지로, 가스 하이드레이트 1리터에 최대 200리터의 가스가 압축돼 있어요. 독도 주변 해저에 약 6억 톤에 이르는 엄청난 양이 매장돼 있는데 이를 천연가스로 환산하면 약 150조 원에 이르고, 국내 가스 소비량의 약 30년분에 해당하는 양이예요. 연소할 때 이산화탄소의 발생 비율이 매우 낮은 청정에너지이기도 한데요. 일본이 호시탐탐 독도를 노리는 이유가 이 가스 하이드레이트에 있다고 해도 과언이 아닐 만큼 막대한 경제적 가치를 지닌, 우리 독도의 가장 중요한 해저자원입니다.

↳ 불타는 얼음

차세대 에너지
청정 에너지

이게 바로 가스 하이드레이트야~

해양심층수

해양심층수는 햇빛이 직접 닿지 않는 수심 200m 아래에 있는 바닷물이에요. 병원균이 거의 없어 깨끗하고, 미네랄과 영양분이 아주 풍부한 수자원이지요. 수심이 깊고 경사가 급한 동해는 전체 해수의 90%가 해양심층수일만큼 그 개발 가능성이 큰 특화자원인데요. 특히 독도 부근은 해저 경사가 급해서 해양심층수 개발에 더 유리하고 경제성도 높아요. 이미 소금, 마시는 물, 화장품 등이 상품화되어 있고, 앞으로 식품, 건강, 미용, 농업, 의약품 등 다양한 분야에서 폭넓게 활용될 고부가가치 해양자원입니다.

인산염암

인산염암은 인산염을 얻을 수 있는 인회석, 인광석처럼 인 성분으로 이루어진 암석으로 우라늄, 플루오린, 바나듐 등의 원소가 농축돼 있는 광물이에요. P2O5(오산화인)를 20% 이상 함유해야 인산염암이라고 부르지요.

비료, 세제, 도금 시 표면처리제, 사료 등에 이용되는 우리 일상과 매우 친근한 광물이에요. 그동안 전량을 해외 수입에 의존해왔는데, 독도 인근 해저에서 인산연암이 발견되었어요.

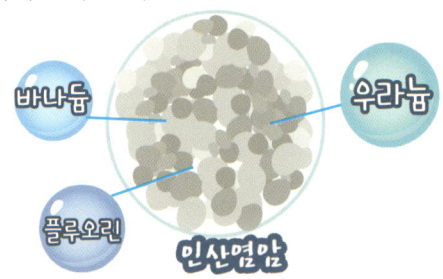

독도 북쪽의 한국대지 사면에 약 20m 두께로 형성돼 있는데, 국내 1년 수요량으로 따졌을 때 약 50년 이상 쓸 수 있는 어마어마한 양으로 추정되고 있습니다. P2O5의 함유량이 30%에 달할 만큼 품질도 뛰어나서 향후 경제적 가치가 매우 클 것으로 평가받고 있어요.

기억해!

독도 인근 해저에는 차세대 에너지 자원인 가스 하이드레이트를 비롯해 우리나라에 꼭 필요한 해양자원이 든든히 매장돼 있다!

▶ 영상으로 공부하기

6. 보물섬 독도의 보물 식물을 만나보아요!

척박한 바위섬이라고요?
NOPE!
독도는 풀들의 천국이에요!

한반도 지형을 닮은 독도사철나무

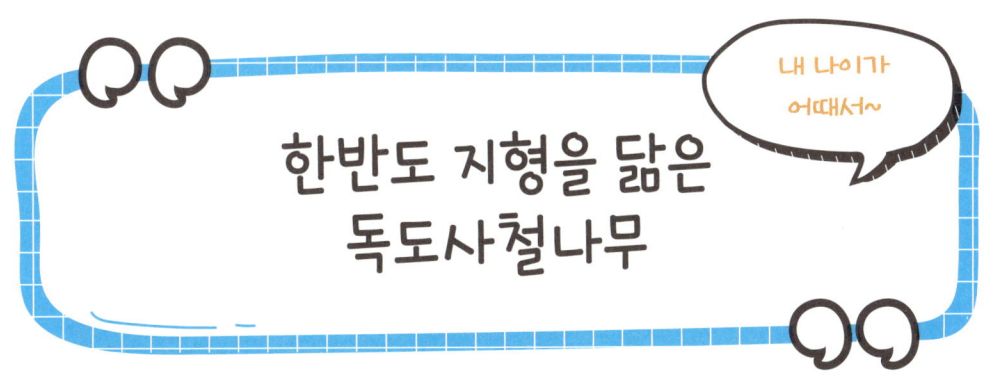

내 나이가 어때서~

동도의 천장굴 서북쪽 경사면 끝부분에는 독도의 터줏대감이라 불리는 아주 특별한 나무가 살고 있어요. 바로 독도사철나무인데요. 바위로 이루어진 독도에서 귀한 싹을 틔우고 100년도 넘는 시간 동안 자라온 독도에서 가장 나이 많은 나무예요.

그런데 보통 나무와는 조금 다른 모습이죠? 이는 독도의 강한 해풍을 견디기 위해 가지가 거의 땅에 붙은 채로 자라났기 때문이에요. 그런데 그 형태가 우리나라 지형인 한반도 모양과 비슷합니다. 고조선 지도 모양이라는 주장도 있고, 대동여지도와 닮았다는 의견도 있는데요. 이는 결국 독도사철나무가 한반도 지형을 닮았다는 의미이죠.

독도사철나무는 2008년에 경상북도 보호수로, 2012년에는 천연기념물 제538호로 지정되었는데요. 독도가 이미 천연기념물 제336호 독도천연보호구역으로 지정돼있는데도 독도사철나무가 거듭 천연기념물로 지정된 것은 영토적 상징성, 즉 독도를 100년 이상 지켜왔다는 아주 특별한 문화적 가치를 담고 있기 때문이에요.

혹시 사철나무의 꽃말이 무엇인지 아시나요? 놀랍게도 '변함없다'입니다. 일본의 침략 시기에 힘차게 푸른 싹을 틔운 독도사철나무는 100년도 넘는 긴 시간 동안 변함없이 동도 정상에서 한반도 모양으로 자라며 우리 독도를 꿋꿋이 지켜오고 있습니다.

▶ 영상으로 공부하기

독도가 초록초록한 이유

> 독도는 풀들의 천국~

> 흠... 식물이 살기엔 영~ ㅠㅠ

독도는 이름처럼 바위로 이루어진 섬이라 흙이 거의 없어요. 그로 인해 눈비가 많이 내려도 늘 물이 부족하고, 소금 섞인 바닷바람까지 강해서 식물이 정착해 살기에는 무척이나 힘든 환경이지요.

> 오잉? 아니야! 엄청 푸릇푸릇한 걸~?

그럼에도 불구하고, 오늘날 독도의 풍경은 아주 초록초록해요. 약 65여 종에 이르는 식물이 꿋꿋하게 살고 있죠. 봄에는 갯장대, 여름에는 땅채송화, 가을에는 왕해국처럼 계절마다 다채로운 식물을 만나는 그야말로 풀들의 천국입니다. 도대체 독도에서 무슨 일이 있었던 걸까요?

우리가 다양한 교통수단을 이용해 편리하게 이동하듯이 독도의 식물들도 자신만의 이동 수단을 적극 활용해 독도에 찾아왔는데요.

하늘을 날 수 있는 관모를 가진 방가지똥, 민들레, 해국은 바람을 타고,

열매 안에 공기를 저장할 수 있어 물에 잘 뜨는 번행초는 해류를 타고,

새들의 먹이가 되었던 개머루나 댕댕이덩굴 열매는 새들의 배설물과 함께 독도로 들어왔죠.

독도 1등은 나야 나!

주로 키가 작고, 뿌리가 짧고, 잎이 두껍고, 잔털이 많은 식물들이 독도의 혹독한 자연환경에 적응하여 살아남았는데요. 그중에서도 땅채송화는 일등으로 독도에 정착한 식물이에요. 잎이 두꺼워 건조한 환경에 강하고, 해안가 바위틈에 뿌리를 내려 잘 자라는 땅채송화는 독도에 토양을 정착시키고, 토양에 양분을 공급해서 다른 식물들이 살 수 있는 터전을 마련해주기 때문에 맨 처음 이주하고 정착한 독도 개척자 식물로 인정받고 있어요.

특히 놀라운 점은 뿌리를 내리기 힘든 바위섬 독도에 나무가 살고 있다는 사실이에요. 사철나무, 섬괴불나무, 보리밥나무, 개머루, 댕댕이덩굴이 그 주인공인데요. 이 중 독도사철나무는 독도를 100년 이상 지켜온 영토적 상징성이 큰 나무라는 점에서 천연기념물 제538호로 지정되었고, 독도를 가장 대표하는 식물로 자리매김하고 있어요.

독도에서 만나요!

섬기린초	섬초롱꽃	섬괴불나무

초종용	큰두루미꽃	왕호장근

이와 함께 전 세계에서 독도와 울릉도에서만 볼 수 있는 특산식물인 섬기린초, 섬초롱꽃, 섬괴불나무와 초종용, 큰두루미꽃, 왕호장근 같은 희귀 식물도 우리 독도에서는 반갑게 만나볼 수 있습니다.

기억해!

독도는 뿌리를 내리기 힘든 척박한 바위섬이지만 다양한 식물들이 꿋꿋하게 살고 있는 풀들의 천국이다!

▶ 영상으로 공부하기

독도의 자랑
독도 특산식물

독도에만 산다고?!

독도는 동해로 둘러싸인 대양섬이에요. 게다가 아주 척박한 자연환경을 가지고 있어서 식물의 씨앗이 싹을 틔우고 뿌리를 내려 정착하기가 결코 쉽지 않은 곳인데요. 그럼에도 불구하고, 전 세계에서 오직 독도(울릉도)에서만 살고 있는 독도 특산식물*이 있습니다.

* 특산식물 : 특정지역에만 분포하는 식물

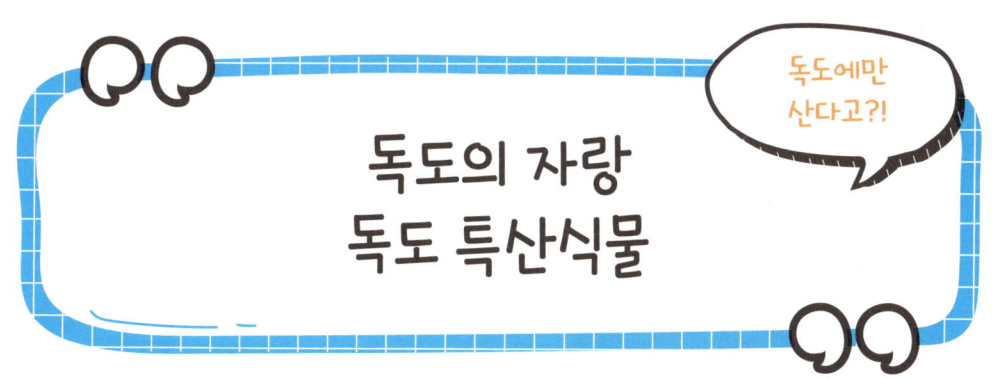

독도와 울릉도는 대양섬이야~

독도 특산식물

섬기린초   섬초롱꽃   섬괴불나무

섬기린초, 섬초롱꽃, 섬괴불나무가 바로 그 주인공인데요. 세 식물 모두 이름 첫 글자에 울릉도를 의미하는 '섬'자가 들어가는 공통점을 가지고 있어요.

섬기린초

섬기린초는 7월경에 노란 꽃을 피우는 여러해살이 식물입니다. 건조한 바위틈에서 살아남기 위해 물기 많은 다육성 잎을 갖게 된 점이 한 번에 많은 물을 마셔 몸에 비축하는 기린을 닮은 데서 비롯된 이름이에요. 주로 동도의 독도경비대 숙소 주변 언덕에 분포해요. 잎을 비롯한 줄기의 밑동 부분이 나무처럼 강인한 덕분에 강풍과 추운 겨울을 거뜬히 견뎌내지요.

섬초롱꽃

섬초롱꽃은 6~7월에 연한 자주색 꽃을 피우는 여러해살이 식물이에요. 옛날에 밤에 들고 다녔던 등불인 초롱을 닮아 섬초롱꽃이란 이름이 붙여졌어요. 손잡이처럼 보이는 줄기와 꽃 모양이 초롱과 정말 비슷합니다. 서도의 북서쪽 왕호장근 군락이 분포하는 경사진 골짜기 바위틈에서 만나볼 수 있어요.

  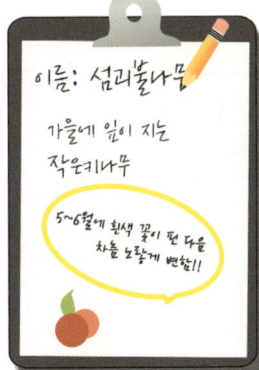

섬괴불나무

<u>섬괴불나무</u>는 가을에 잎이 지는 작은키나무예요. 5~6월에 흰색 꽃이 핀 다음 차츰 노랗게 변해요. 동도의 경비대 주변 비탈진 언덕과 서도의 물골 구간에서 무리 지어 살고 있어요.

강인한 생명력을 바탕으로 오랫동안 독도의 생태계를 유지해온 독도 특산식물은 독도를 대표하는 아주 특별한 식물이에요.

기억해!

섬기린초, 섬초롱꽃, 섬괴불나무는 전 세계적으로 독도(울릉도)에만 자생하는 독도 특산식물이다!

▶ 영상으로 공부하기

독도의 역사를 알아보아요!

약 460만 ~ 250만 년 전
바닷속 화산 폭발로 독도가 생겨났어요. 독도는 한 번도 육지와 연결된 적 없는 대양섬이에요.

512년
신라 이사부 장군이 우산국(울릉도와 독도)을 정벌하고 신라의 영토로 편입했어요.

1693 ~ 1696년
조선 어부 안용복이 2차례나 일본에 가서 독도는 조선 영토임을 알렸어요. 안용복의 활약은 울릉도와 독도를 노리는 일본의 욕심을 막는 중요한 계기가 되었어요.

1849년
프랑스의 고래잡이배 리앙쿠르호가 서양 선박으로는 처음으로 독도를 발견하고, 리앙쿠르 록스라고 불렀어요.

1877년
일본의 최고 행정기관인 태정관이 독도는 일본의 땅이 아님을 확인하는 공식문서를 내렸어요.

1900년
고종 황제가 대한제국 칙령 제41호를 반포하여 독도는 대한제국의 고유영토임을 분명히 밝히고 전 세계에 알렸어요.

1905년
일본이 소위 시마네현 고시 제40호를 통해 은밀하고 비밀스럽게 독도를 불법 편입하려 했어요.

1906년
울릉도 군수 심흥택이 시마네현 관리들로부터 독도가 일본 땅으로 편입됐다는 말을 듣고 곧바로 강원도 관찰사에게 보고했어요. 이때 독도라는 오늘날 명칭이 우리나라 문서에서 처음 사용되었고, 일본의 독도 불법 편입 시도가 드러났어요.

1946년
연합국 총사령부는 연합국 최고사령관 각서 제677호를 통해 독도를 일본 영토에서 제외하고 각서 제1033호를 통해 독도와 그 주변 12해리에 일본 어부의 접근을 금지했어요.

1952년
대한민국 정부는 독도를 우리나라의 해양 경계선 안에 두는 평화선 선언을 통해 우리 영토임을 명확히 했어요.

1953년
울릉도 주민으로 구성된 홍순칠 대장의 독도의용수비대가 결성되었어요. 독도침략사건 대정부 건의안이 국회에서 가결되었어요.

1954년
독도에 무인 등대와 영토 표석이 설치되었어요.

1956년
국립경찰(울릉경찰서)이 독도 수비 업무를 인수했어요.

1981년
최종덕 씨가 첫 독도 주민으로 주민등록에 등재되었어요.

1982년
독도가 천연기념물 제336호 독도해조류번식지로 지정되었어요.

1991년
김성도, 김신열 씨 부부가 독도 주민이 되었어요.

1999년
독도의 문화재 명칭이 천연기념물 제336호 독도천연보호구역으로 바뀌었어요.

2000년
독도의 자연환경과 생태계 보전을 위해 환경부가 특정도서로 지정했어요. 행정구역 독도리가 신설되었어요.

2003년
독도에 우편번호가 생겼어요.

우리 독도가 정말 좋아!

〈사진 및 자료를 협조해주신 곳〉

외교부독도 | 3p, 6p, 10p(숫돌바위, 천장굴), 12p(독도), 15p(원 독도), 16p(독도등대, 독도주민숙소), 17p(숫돌바위, 한반도바위, 독립문바위, 얼굴바위), 18p(코끼리바위, 서도, 동도), 20p, 21p(독도주민숙소, 독도등대), 22p(괭이갈매기, 자리돔 용치놀래기 등), 24p(대한제국 칙령 제41호), 27p, 30p(동국문헌비고, 증보문헌비고), 35p(돗토리번답변서), 39p, 40p(상단 숫돌바위, 천장굴, 독립문바위), 45p(좌측 삼형제굴바위), 46p, 47p(상단 원 천장굴, 천장굴바다입구), 49p(독립문바위, 독립문바위 일출), 50p, 52p(가제바위), 53p(큰가제바위 위 괭이갈매기떼), 54p(큰가제바위 위 괭이갈매기떼, 자리돔 용치놀래기 등), 55p, 58p(우측 탕건봉, 얼굴바위), 59p(부채바위), 63p(독도주민숙소), 64p(상단 물골계단), 65p, 69p(중간 원 괭이갈매기), 70p, 72p(한반도바위), 74p(괭이갈매기), 84p, 85p(독도), 93p(독도), 96p, 102p(독도), 105p(천장굴), 107p(독도), 110p(왕호장근), 117p

해양수산부 해양생태과 | 53p(하단 독도강치기원벽화)

한국해양과학기술원 | 54p(감태숲, 하단 가제바위), 62p(상단 물골전경), 68p(볼락, 돌돔떼, 줄도화돔), 85p(방어), 86p(문어, 홍합 소라), 89p(방어, 잿방어, 참치방어, 줄도화돔, 독가시치, 말쥐치), 90p(대구, 명태, 연어, 자리돔떼, 쥐노래미, 노래미, 망상어, 볼락, 개볼락), 97p(하단 왼쪽 소라), 99p(모자반, 미역)

한국해양과학기술원 독도전문연구센터 | 68p(파랑돔), 86p(감태군락, 성게), 89p(파랑돔), 92p(폴라로이드프레임 살오징어), 98p(감태군락)

독도종합정보시스템 | 91p

문화재청 | 47p(독도사철나무), 51p(바다제비), 69p(괭이갈매기 알), 71p, 73p, 74p(상단 슴새), 105p(독도사철나무)

국립생물자원관 | 47p(흑비둘기 by 백운기, 송민정), 82p(붉은뒷날개나방), 89p(부시리), 90p(가막베도라치), 92p(노란프레임 살오징어), 108p(방가지똥, 번행초·개머루 by 현진오, 댕댕이덩굴 by 정종덕), 109p(땅채송화 by 현진오), 110p(섬기린초·섬괴불나무·초종용 by 현진오), 111p(섬기린초·섬괴불나무 by 현진오), 112p(섬기린초 by 김진석), 113p(섬괴불나무 by 현진오)

국립공원연구원 조류연구센터 | 69p(괭이갈매기와 새끼)

국가지질공원 | 10p(독립문바위), 40p(하단 원 숫돌바위), 41p, 42p(좌측 숫돌바위), 47p(상단 천장굴), 49p(배경의 노을지는 독도하늘)

울릉군청 | 16p(물골), 21p(물골), 35p(울릉도), 56p(닭바위, 보찰바위), 57p(프레임촛대바위), 59p(군함바위, 지네바위), 60p(미역바위), 72p(물골), 83p, 93p(울릉도, 오징어조업광경), 94p(오징어순대, 오징어건조)

농업진흥청 | 82p(꼬마남생이무당벌레)

경북대학교 울릉도독도연구소 | 79p(애남생이잎벌레, 작은멋쟁이나비), 81p(독도장님노린재, 명아주나무이, 초록다홍알락매미충), 82p(독도장님노린재)

독도박물관 | 33p, 35p(울릉도도해금지령), 36p

국립중앙박물관 | 58p(탕건)

대한민국역사박물관 | 2p, 42p(우측 숫돌바위), 104p, 109p(독도)

국립중앙과학관 | 82p(긴발벼룩잎벌레)

서울대학교 규장각한국학연구원 | 12p(삼국사기), 24p(삼국사기, 세종실록지리지), 28p, 29p(세종실록지리지, 신증동국여지승람), 30p(만기요람)

의성조문국박물관 | 29p(울릉도사적), 34p(울릉도사적)

한국학중앙연구원 | 32p, 34p(삼척영장 장한상)

강원도청, 한국문화정보원 | 74p(하단 슴새), 75p(상단 슴새)

독도수호대 | 62p(하단 물골), 63p(물골급수조)

공유마당 | 16p(독도-동도의선착장_51 by 서원수), 17p(독도 천장굴_002 by 권오철), 18p(독도-서도 대한봉에서 바라본 탕건봉2_116·독도-서도 북쪽에 위치한 넙덕바위 및 군함바위2_117 by 서원수), 19p(독도 표지석과 등대 by 권오철), 21p(독도-동도의선착장_51 by 서원수), 31p(PC배경화면_독도-505_2560x1440 by 누리미디어), 43p(국내_대한민국_4311 by 한국저작권위원회 신미식), 44p(독도-왼쪽에서 탕건봉, 촛대바위, 삼형제굴바위가 보인다_35 by 한국저작권위원회), 48p(민지애03_서대문독립공원_00404 by 한국저작권위원회), 56p(EBS_동물_갑각류_0013 by 한국교육방송공사), 58p(독도-서도 대한봉에서 바라본 탕건봉2_116 by 서원수), 60p(독도-서도 북쪽에 위치한 넙덕바위 및 군함바위2_117 by 서원수), 64p(독도 동서도 새벽 by 권오철), 67p(독도의 푸른 하늘을 하얗게 수놓는 괭이갈매기 by 서원수), 69p(번식기에는 많은 괭이갈매기들이 바다를 건너 독도에 찾아와요! by 신미식), 90p(한국기행_문화_여행_음식_풍경_오색영산강_080_숭어 by 한국교육방송공사), 107p(독도-서도 대한봉에서 바라본 탕건봉2_116 by 서원수), 108p(민들레_한국기행_문화_여행_음식_풍경_오색영산강_151_꽃 by 한국교육방송공사)

픽사베이 | 10p(독도, 삼형제굴바위), 15p(상단 독도, 하단 네모프레임 독도), 18p(삼형제굴바위, 촛대바위), 22p(좌측상단 해국), 38p, 40p(삼형제굴바위), 45p(우측 삼형제굴바위), 51p(좌측상단 동도, 우측상단 한반도바위), 57p(배경 촛대바위), 94p(오징어물회), 97p(전복, 소라, 군소), 108p(해국), 112p(초롱)

퍼블릭도메인 | 26p, 52p(지금은 볼 수 없는 독도강치), 53p(독도강치를 잡는 일본어부들), 101p(상단 불타는 얼음, 하단 프레임 가스하이드레이트), 110p(큰두루미꽃)

네이버 | 22p(꽃등에), 77p(좌측 하단 날고 있는 매), 79p(매미, 벌), 89p(돌돔), 90p(조피볼락), 98p(대황)

네이버블로그 다초리 | 81p(섬땅방아벌레)

네이버블로그 곰탱 | 59p(해녀바위)

위키미디어 커먼즈 | 53p(한국독도바다사자 박제 by Nkensei), 68p(도화새우 by Daiju Azumal), 75p(배경 슴새 by sussexbirder, 폴라로이드프레임 슴새 by Caleb Putnam), 76p, 78p(매의 알 by Peter Wegner), 90p(청어 by Daiju Azuma, 그물베도라치 by Van der Hoeven), 92p(우측 숫자 쓴 오징어 by self), 95p(도화새우 by Daiju Azumal), 101p(차세대청정에너지 가스하이드레이트 by Wusel007), 103p(인산염암 by Didier Descouens), 110p(섬초롱꽃 by Pryma), 111p(섬초롱꽃 by Pryma), 112p(섬초롱꽃 by Pryma)

freepik | 102p(소금병 베이스 by 8photo, 생수병 베이스 by pmvchamara, 화장품베이스 by rawpixel.com)

※ 도움 주신 모든 분께 깊이 감사드립니다.

인용된 사진과 자료는 저작권자의 허락을 받아 사용하였습니다. 저작권자를 찾지 못하거나 연락이 닿지 않은 사진 및 자료의 경우, 연락주시면 확인되는 대로 허락받겠습니다.

보물섬 독도와 친구 되기

초판 1쇄 발행 | 2022년 11월 14일
기획 | 조건희
표지 및 디자인 | 송하은
펴낸이 | 심수진
펴낸곳 | (주)연두세상

출판등록 | 제2021-000012호
주소 | 서울시 종로구 새문안로 92
전화 | 02)337-7280   **팩스** | 02)333-6895
홈페이지 | www.yellowgreenbook.co.kr
메일 | raysfirestation@gmail.com
유튜브 | 보물섬독도TV   **인스타그램** | @dokdo_family
블로그 | https://blog.naver.com/dokdofamily1025

ⓒ 2017(주)연두세상 All rights reserved.
ISBN 979-11-87321-47-7 63370
값 | 14,000원

서평이나 인용으로 사용할 경우를 제외하고, 이 책의 어떠한 부분도
(주)연두세상과 저작권자의 서면 허락 없이 사용할 수 없습니다.

- 잘못된 도서는 교환하여 드립니다.
- 도서의 모서리나 낱장에 다치지 않도록 주의해주세요.
- 책값은 뒤표지에 있습니다.

> 이 도서는 한국출판문화산업진흥원의 '2022년 중소출판사 출판콘텐츠 창작 지원 사업'의
> 일환으로 국민체육진흥기금을 지원받아 제작되었습니다.

연두세상은 어린이들의 마음을 가장 먼저 생각합니다.